死過一次
才學會愛自己
WHAT IF
THIS IS HEAVEN?
清除不愛自己的十個信念
體驗此生即是天堂
艾妮塔・穆札尼 Anita Moorjani——著
祁怡瑋——譯

謹此紀念偉恩・戴爾（Wayne Dyer）

偉恩，謝謝你奏出你的生命樂章。
每當靜下心來，我們依舊不斷聽到你的樂曲。
你的人生永遠都在觸動他人的人生。
我的朋友，你將萬世流芳。

目錄

迷思5：我們的健康全是醫生的責任 125

迷思6：暴戾充斥的新聞能帶來安全 161

誕生到這世上時，
我知道的唯有愛、歡笑與發光發熱。
隨著我越長越大，世人要我收起笑容。
他們說：
「如果你想在這世上存活下去，就要嚴肅看待人生。」
於是我收起笑容。
世人又告訴我：
「如果你不想落得心碎收場，就要小心你愛的人。」
於是我不再去愛。
他們說：

「做人不要鋒芒畢露，免得樹大招風。」
於是我不再發光發熱。
我縮小自己，
變得憔悴枯萎，
終至衰亡，
卻在死時學會，
人生重要之事盡在：
愛、歡笑與大放光芒！

——艾妮塔．穆札尼

【前言】

當下的人生，即是天堂

如果你突然明白了此生就是天堂（或涅槃）呢？如果我們的血肉之軀現在正在過的人生就是天堂呢？我知道這聽起來很瘋狂，我也感覺得到你們有些人在想：如果這就是天堂，那我爲什麼覺得像是在地獄？你們的心聲，我都聽到了。小時候，我也覺得像是置身地獄，因爲膚色和家庭背景等非我所能控制的因素，總讓我備受欺凌、嘲弄與歧視。在我罹癌的那些年，時刻活在疼痛與恐懼之中，感覺無疑也像是置身地獄。

但請暫且聽我娓娓道來。

如果在那段歲月裡，我之所以覺得像是在地獄，純粹是因爲我不知道自己有多強大，或不知道自己能做到什麼。畢竟，從來沒人教我人生是怎麼回事，我們也沒有帶著說明書來到這世上。曾經，人生對我而言眞是磨難，我活在無邊的恐懼之中，直到長大成人。我認爲我是受到人生擺布的受害者，只能看著辦，卻不能主動開創自己的人生。不然，誰會開創一個備受欺凌與歧視的童年，導致自尊心低落到無以復加？誰又會選擇身爲一個女人，生在一個依舊是男尊女卑的文化裡？又有誰會在自己體內產生差點致命的癌症？我當然是這些處境下的受害者，至少我是這麼認爲的——直到我死過一次爲止。

我的許多人生故事，都寫在我的第一本書《死過一次才學會愛》當中。第一個將我的故事介紹給大眾並鼓勵我寫書的人，就是暢銷作家暨演說家偉恩．戴爾。直到二〇一五年辭世爲止，他都仍持續鼓勵聽眾求助於我的著作。我知道對於成就我的人生目標而言，戴爾的參與是很神聖的一環。因著他，才開展了後面如花似錦的一切。戴爾是個了不起的人物，他所做的事爲我的人生帶來的結果，我眞心感激並虛心以對。

在寫第一本書時，我從未想過要寫第二本。我心想：「我都寫下一本回憶錄了，裡面記述了我的人生，尤其是罹癌的經驗以及瀕臨死亡的人生高峰。我從這整個經驗中所獲得的啟示也寫了進去，還有什麼可寫的？」我眞心覺得我人生中所有有趣的元素，已經在那本書裡寫完了。

但瀕死經驗給我的一個當頭棒喝，就在於「此生即是天堂」。我們可以把身在人世間的這輩子活成天堂，只要我們明白箇中道理，以及需要做什麼來實現它。瀕死過程中，我之所以選擇回到人世，主要的原因就在於我明白了天堂不是一個地方，而是一種狀態。我想要親身體驗一個「如在天堂」的人生。我想要體現「人生即天堂」的美妙眞理，讓充滿害怕、恐懼與心痛的前半生脫胎換骨。我想要此時此刻就活在天堂。

從天堂重返人間之後

在我處於瀕死狀態時，這一切顯得何其清楚而容易。但在那之後，當我試圖整合我的嶄新體會，並將之應用到人生中時，卻一直碰到阻礙，尤其當我要和其他人溝通交流或往來互動時。我對「現實」是由什麼構成的觀念已經大大改變，而我的觀念並不符合多數人視爲常態的世界觀。

爲了再次融入社會，我發現自己會試著討好那些不認同我的人。倘若沒有察覺到這點，我還會開始壓抑或妥協，捨棄掉很多我從另一個世界之旅學到的東西，以求博取認同。每當發生這種情況，我就會開始覺得自己無能爲力。那些不可思議、所向無敵的感覺會受到侵蝕，使我不再覺得自己是人生的開創者，舊有的思維和行爲模式會溜進我的腦海，遮蔽我的視線。一旦選擇迎合他人意見、隨著他人起舞，而不去傾聽自己的內心，害怕「做錯」的恐懼或擔心讓人失望的憂慮就又會冒出頭來。（我確定很多人對此都有共鳴！）新的焦慮凌駕一切，要不了多久，我就開始覺得迷失而無助。我似乎總是在融入他人與創造天堂之間抉擇不定。

與此同時，由於伴隨《死過一次才學會愛》而來的名氣，我開始收到如雪片般的大量信件，受到我的見證感動的讀者紛紛寄來書信或電郵。許多來信都讓我流下喜悅與感激的淚水，許多人覺得我在訴說他們的故事！對他們而言，我似乎懂得他們的心、他們的想法和他們的靈魂。

這種壓倒性的迴響，完全出乎意料。我不知道我的故事會這麼深刻地感動到這麼多人。我也有幸獲得幾個談話的邀約，既有現場公開演講，也有廣播和電視的訪談。每次會面過後，大家都想要知道更多。他們有很多問題，也想更進一步探究我的故事，以及他們自己的故事。許多人在與疾病交戰，或是心愛的人在受苦或面臨死亡，還有些人則是有感情或金錢上的困擾。歷經所有這些人生的挑戰，他們想要知道更多，好將我所體會到的那片天堂，帶進他們在人世間的這個生命裡。

儘管拙作受到大眾一面倒的正面迴響，這些關注卻讓我的人生之旅來到一個嶄新的、更深層的自覺層面。對我來講，步下公開的舞台之後，花時間獨處變得越來越重要。每當一個人獨處時，我就會讓自己的思緒靜下來，回到瀕死過程中我所經歷的狀態——一種純粹、覺察、深知我們全都一體相連的狀態。在那種狀態中，我對其他人的覺受感同身受，包括家人在可能失去我時的痛苦與哀傷。但如今我所體會到的不只是自家人的痛苦，透過閱讀大家分享給我的故事，我內心感受到的是全世界的痛苦。

人們希望我去到他們的鎮上、他們的教堂、他們的精舍、他們的家裡。他們想要跟我說話，而我也想幫助所有人，無奈我很痛心自己幫不了！無論和多少人談過話，無論回過多少封信，我怎麼做都不夠，總是有更多我所無法回應的請求。我一方面感受到大家的痛苦，一方面又感受到自己幫不了所有人而產生的痛苦。有時候，這些痛苦讓我招架不住。漸漸地，喜悅開始離我而去，我知道自己不能這樣繼續下去。我寫書的本意是要讓大家看到如何活得喜悅，但如果我的內心老是充滿每一個人的痛苦，又怎麼可能把喜悅帶給這個世界？

宇宙傳遞的療癒契機

接著，有一天，我帶自己去最愛的地方——我家旁邊的海灘。我坐在沙地上，望著那片將我所住的香港與中國大陸分開的海洋。那日是陰天，太陽躲了起來。我之所以來到這裡，是因爲每當我覺得煩心，就會讓自己沉浸在大自然中。置身大自然裡，尤其是在海邊，我可以具體感受到天人合一的境界。那是一種難以置信的滋味，就彷彿一切都合作無間，一同攜手織就出我們稱之爲「人生」的大片織錦。無論我的問題是什麼，只要置身大自然，我就會覺得答案離我越來越近，或許是隨著風的呢喃而來，或許是隨著潺潺水聲而來，也或許是隨著樹木枝葉的窸窣響而來。所以，那日當我坐在那片沙地上，望著大海與天空，我默默地對宇宙說起話來。

我說：「我從鬼門關前走了一遭。現在呢？我覺得很心碎。我個人的力量微薄，要怎麼幫得了所有人以及我自己？如果我仍處在瀕死之界，說不定幫得了更多的人。但現在爲了每一個我幫不了的人，我只覺痛徹心扉。」

我向宇宙臣服，叩問著我爲什麼回來，淚水順著我的臉頰流下。爲什麼我必須承受這種心痛？爲什麼我們的世界充滿如此多的痛苦？

接著，冥冥中我聽到一聲耳語，並不是眞的說話聲，而是一種像是來自海浪的聲音，一種在我內心回響的聲音。「你從瀕死經驗中主要學到的是什麼？」那聲音悄悄問道：「你在你的第一本書中寫到的是什麼？」

「無條件地愛我自己。」我答道：「並且盡可能做我自己，盡我所能發光發熱。」

「那就是你要做的。不需要做得更多，只要無條件地愛你自己，並且時時刻刻忠於自己。」

「但我們活在一個並不支持這種想法或感受的世界，彷彿這世界絕非天堂，而是地獄。」我看著沙灘盡頭拍打著岩石的海浪，挑戰那道聲音。「我身邊的人每天都要面對這麼多挑戰，我不知道透過愛自己如何能幫得了他們！」

「當你愛你自己，並且知道自己眞正的價値，天底下就沒有你做不到的事或治不了的病。在你推翻所有醫學知識、治癒了末期癌症之時，你自己就學到了這一點。當你領悟到自己的價値所在，癌症就治好了。」

這一點千眞萬確。直到罹患淋巴癌之前，我都活在充滿恐懼的人生中，但學會愛自己救了我一命。聽起來是這麼簡單，但爲什麼要傳達給其他受苦的人卻如此困難？而在我領悟到這一層奧義之後，爲什麼又這麼容易就丟失了它？

「在這個世界上，似乎絕大多數人都不相信或不曾體驗過眞正的力量。當我們被這樣的人包圍，便很容易把我們自己的領悟給丟失掉。」彷彿祂看穿了我的心思，我聽到這道聲音回答道：「如果你繼續專注在其他每一個人的感受和索求，你就會再次迷失在恐懼的世界裡，而你肯定不想重蹈這種覆轍。

「切記，你唯一要做的就是愛自己、珍惜自己，並體現自我價值和自我之愛的眞諦，如此一來，你自己就是愛的行動。對你自己和身邊的人，這才是眞正的貢獻。你的癌症之所以能好起來，就是因爲你體認到自己是如何被愛，又是如何受到珍惜。同樣的領悟將助你開創出『身在人世如在天堂』的人生。當你迷失在全世界的問題裡時，你對誰都沒有貢獻。所以，每當你覺得挫折或迷惘，唯一要問的就是：我是哪裡不愛自己了？我要如何更珍惜自己？」

儘管這確實就是我從瀕死經驗中學到的，我也確實因此而康復了，但我卻似乎把它給忘了。在眾人的痛苦中，我迷失了自己。而現在，我從大自然所得到的回應如此強烈，讓我震驚得說不出話來。當下，我覺得自己彷彿握有每一個問題的答案。海浪的低語和我分享的東西是那麼簡單，卻又那麼深奧！

這次的經驗也清楚顯示出我們多麼容易忘記初衷，陷在爲了將自己的存在合理化所編織的迷思之網裡。我現在明白了，當我們浸淫在周遭文化的強勢想法中時，就會發生這種狀況。

我覺得全身像觸電一般，從頭到腳一陣顫抖。我坐在沙地上，一遍又一遍玩味著這些話語：**你唯一要做的就是愛自己、珍惜自己，並體現自我價值和自我之愛的眞諦，如此一來，你自己就是愛的行動。對你自己和身邊的人，這才是眞正的貢獻。**

我遙望大海，閉上眼睛，雙手感激地按在胸口，說：「謝謝祢！我懂了！」接著，我起身開始走回家。

我很興奮自己再次感到有目標、有方向，並深信人生自會呈現出它該有的樣貌。我覺得煥然一新，再次與宇宙合而爲一。我知道只要我忠於自己，並且不忘透過覺察我和宇宙間無限的連結來爲自己充電，一切的一切都會同步開展。

拆穿具破壞力的謊言和迷思

一方面感受到世界各地這麼多顆心所懷著的痛苦，一方面又強烈渴望爲每一個人的生命帶來喜樂，我於是有了寫作本書的靈感。你此刻正在讀的這本書，是我對破除世人最深信不疑的某些迷思所做的嘗試。這些迷思導致我們無法將自己的人生活到極致，只因它們是我們周遭文化中的強勢想法。就如同那天坐在沙灘上和宇宙對話時，我想起了讓我心靈自由的簡單真理，我也希望當你讀著本書當中的字句時，你的心會和你一直都心知肚明的真理產生共鳴，然後，你會像我一樣感受到那份自由與喜悅。

我相信我們生來就知道自己真實的樣貌，但在成長的過程中，我們否定了這份自我認知，試圖融入人群、符合社會標準、順應外界規範。我們學會向外尋求指示，並因此接受了他人對我們的期待。接下來，當我們達不到這一切外在的要求時，就覺得自己有所不足和缺失。

這意味著終其一生奠定我們個人價值的基礎信念都是錯的！所以，無論我們上過多少自我發展課程、讀過多少心靈勵志書，我們還是不斷地向外尋求答案。這不單對我們無益，實際上還形成了阻礙。除非打破迷思，拆穿一直以來構成我們的思想和信念的謊言，否則什麼都改變不了這些具有破壞力的模式。

本書的每一章都會針對一個多數人視爲眞理的普世迷思，指出這些迷思何以無所不在，我們又何以常常一無所覺。我會分享親身的故事與實例，呈現出我在哪裡看到這些迷思大顯神威，並說明我如何從自身經驗中發覺它們的錯處，以及我所認爲的眞理何在。每一章後面都附有一個叫做「當下學會愛自己」的單元，在這個單元中，我會針對該章所探討過的迷思，提出一些可能的眞理，並勾勒出克服此一限制的辦法，好讓你推翻生活中包圍著你的迷思，最終活出屬於你的眞理。

過去幾年來要是過得輕鬆愉快，我心裡恐怕就沒有這本書的影子——至少目前還沒有。所以我要謝謝你，謝謝你們所有人跟我分享你們的人生，對我敞開你們的心扉與靈魂。每一個曾經向我伸出觸角的人，都是我寫作本書的靈感。我們全都是一體相連的，我對你們感同身受。本書是我給你們的禮物，從我的心坎裡，送到你們的心坎裡。

迷思 1

別人對我不好，是因爲我不好

求助無門的霸凌遭遇

操場上的孩子把我團團圍住，齊聲唱道：「森巴，森巴，小黑森巴！」因爲我較深的膚色和毛躁的捲髮，她們總嘲笑我是「小黑森巴」。小黑森巴是故事書裡的人物，我們在課堂上讀到了這本書，他是來自印度南部的一個黑皮膚小男生。忍受這些無情的嘲弄，是我在私立英國學校就讀的代價。

八歲的我又羞又窘，臉頰陣陣發燙，腦袋裡滿是困惑。包圍我的人群越逼越近，我不知該作何反應。「她們爲什麼要這樣？」我無助地想。「長成這樣我也沒辦法啊！我該怎麼辦？罵回去？打她們？報告老師？」

我困在原地，動彈不得，眼睛四下張望，找尋校園導護老師的蹤影。終於，我看到她了，但她人在操場另一頭。有一群小朋友在玩翻花繩，他們要她加入，她和他們有說有笑，我沒機會引起她的注意。何況操場上那麼吵，幾百個小朋友跳繩的跳繩、玩接球的玩接球，還有其他各種熱鬧的遊戲，反正她絕對聽不到我的聲音。欺負我的人在開始一連串的猛烈砲轟之前，就已經先確定好她們離老師夠遠了。

我忍住眼淚試圖脫困，希望能突破重圍跑出去。但即使我設法推開她們，這群女生還是繼續把我圍住，步步進逼，甚至拉扯我的背包，讓我想逃也逃不掉，直到我一路退到操場邊緣校舍大樓的石牆爲止。

我多麼希望天空轟隆一聲被雷劈開，有某個電視節目上的超級英雄從天而降，擊退這些操場小霸王，帶我飛到安全的地方，讓我對她們哈哈笑！但在那當下，說眞的，我並不奢望那麼戲劇化的發展，只要有人解救我就好，誰都可以，甚至說不定是那些女生其中之一，突然良心發現挺身爲我說話，不惜和她的同夥窩裡反。我飛快地想像著所有我但願能發生的轉機，可嘆那一切都沒能實現。

於是，我背靠著牆壁站在那裡，受到六個小霸王的壓迫。除了這六個女生，全世界沒人看得到我，她們六人都比我高大許多。我一度考慮踹她們的腳趁機脫逃，但我能做的卻只是緊靠牆壁，退到無路可退，閉上眼睛等待大難臨頭。突然間，六個女生當中最高大的琳內特一把抓住我背包的肩帶，幾乎把我從地面上拎了起來。我踮著腳試圖取得平衡，而她就那樣揪著我的肩帶，直勾勾看著我的眼睛，嘶吼道：「把你的午餐錢交出來，森巴！」

這時，我已經在啜泣了，控制不住的淚水順著臉頰流下。我感覺到自己在發抖，她鬆開了手，好讓我伸手到包包裡拿錢。爸爸那天早上給了我零用錢，讓我在下課時間買果汁和零食。正當我要把那些硬幣交給琳內特時，上課鐘聲響了。琳內特從我手裡把錢奪走，六個女生立刻轉身開始朝校舍入口跑去。她們很快就會在教室裡安頓下來，若無其事地繼續過完這一天。她們一跑走，我只覺得雙腿一軟，整個人滑到地上。我就這樣倒在那裡，止不住地啜泣。

格格不入的黑娃娃

在香港還是英國殖民地時，身爲一個就讀英國學校的印度學童，我實在是很少見的特例。我還記得在同一學年稍早時，媽媽帶我去見校長做入學面試。校長是一位看起來很嚴厲的女士，剪了個短短的鮑伯頭。她的態度彷彿在說：我能在這所權威教育機構就讀算我僥倖，所以對於能夠享有這種特權，我應該要心懷感激。

開始上學之後，其他小朋友不僅在操場上叫我「小黑森巴」，他們還會叫我「黑娃娃」，或者更難聽的「黑鬼」。「黑娃娃」是我們這邊很流行的故事書人物，有著黑色的皮膚、肥厚的紅唇、毛躁的蓬蓬頭和凸出來的大眼睛。又因爲我還滿容易拿到高分的，他們也叫我「愛現鬼」。他們甚至會破壞我的置物櫃，偷走裡面的東西，像是我的新色筆。不爲了什麼，只爲了給我難看。在這整個過程中，害羞內向到極點的我從來不曾反擊，以致讓自己繼續成爲一個很好下手的箭靶。

有時候，這一切的惡行傷我之重，使得我躲在女生廁所的隔間裡，哭到再也流不出眼淚爲止。我還記得有許多個夜晚，我也是一直哭到睡著爲止。我覺得自己彷彿被逼到一個又黑又深的死角，無路可逃。除了優異的成績之外，我對學校深惡痛絕。

這些嘲弄讓我羞愧難當，因爲我覺得膚色較深似乎很可恥。我也深信一定是我哪裡做錯了或說錯了，才會導致其他人這樣對我。但我想不透自己到底哪裡不對或不好，我要怎麼改進才能讓其他小朋友肯接納我。很快的，我開始認爲自己眞的很失敗，我就是不如其他每一個人。

因爲深深覺得自己一定有什麼地方不對，所以我從來不會向任何人提起，不僅包括我的老師，甚至包括我的父母。爸媽總以爲我在學校過得很好，我尤其不想讓他們失望。在某種程度上，我可能也感覺到如果我說了，那些小霸王只會更生氣，說不定會對我更壞，或是因爲我打小報告而報復我。

另一個導致我壓抑自己的因素，源於我來自一個性別不平等的文化。在我們的文化中，女性被視爲次等公民。甚至在很小的時候，我就已經意識到這種不平等了。雖然這和我受到霸凌的遭遇沒有直接關係，因爲那些欺負我的小朋友全都是女生，但文化上的因素確實加深了我的自卑，導致我在其他受到不當對待的處境中也選擇悶不吭聲。

摯友的背叛

就在那一年，我和一個名叫麗雅娜的印度女孩結爲朋友。她比我高一個年級，也遭遇到霸凌，我們很快就變成好朋友。第一次擁有一個好朋友的感覺眞好，我覺得可以和別人分享發生在我身上的一切。我倆形影不離，相信這樣就可以擊退那些小霸王。我們會互相捍衛、彼此相挺。

在廣大的校園迷宮中，我們在錯綜複雜的校地範圍內找到祕密基地。在這些地方，我們感到很安全。我們會把點心和午餐帶到祕密基地，知道沒有人會過來搶走它們。放學後，我們也會去對方家裡玩，週末時甚至在彼此家裡過夜。我們都是野丫頭，總愛一起騎腳踏車、溜滑輪、踢足球、玩板球。

後來有一天，一切風雲變色。顯然，琳內特和她那夥人在下課時逮到麗雅娜，威脅要打她。麗雅娜一時軟弱，告訴她們說只要放她走，她願意帶她們去看我躲在哪兒，並且幫她們一起對付我。爲求讓自己脫困，她拿我當作交換條件，不惜犧牲我。琳內特和她的朋友們同意了這筆交易。

所以，當琳內特一夥人唱著熟悉的「森巴、森巴」，出現在我們最愛的其中一個藏身處時，我的震驚可想而知。但最讓我震驚和惶恐的，莫過於看到麗雅娜成了她們的一分子！我最要好的朋友非但沒有解救我，沒有站在我這一邊，甚至還親自帶她們來找我！我傷透了心，她的背叛比她們的霸凌傷我更重。比起其他的一切，這件事更讓我覺得自己實在沒有身爲一個人的價値。

如今回顧起來，我體認到霸凌在情感上對我造成的傷害有多深，而且是多麼根深柢固地改變了我。霸凌讓我想要隱形起來，不要引起任何注意，默默過我的日子。霸凌讓我畏懼人群，使我盡力讓自己遠離雷達，從不參與話劇或學生會之類的活動，免得被別人的雷達偵測到。我穿得很土，不去追隨其他小朋友認爲時髦的潮流。我痛恨團隊運動，因爲我總是最後一個被團隊挑走。我也很不喜歡分組作業，因爲我知道沒人想要我在他們那一組。

儘管媽媽持續不斷地想把我從殼裡拉出來，但在我的青春歲月中，我仍舊非常害羞而退縮。因爲追根究柢，我覺得自己不夠好、不可愛、惹人厭、長得醜、很沒用。不只一次，我認爲唯一的出路就是自我了斷。我死了，她們就會嘗到教訓！我還記得自己在十三歲左右是這麼想的。這種想法幾乎有一種悲壯感，就彷彿我是爲每一個受到霸凌的孩子而犧牲自己的性命。有關單位想必會受到撼動並加以關注，尤其如果我留下遺書，說明我爲什麼做出這麼駭人的選擇。就連那些小霸王也會很震驚，說不定震驚到想要改變自身行爲的地步。

但在下一刻，我緊接著就想到自殺只會打擊我深愛的母親。我知道她無條件地愛著我。在那些絕望的時刻，光是想到她，就足以讓我打消自殺的念頭。甚至只要稍微想像一下我的死會讓她多麼悲痛，我就會哭得更厲害，使得我在眞正讓計畫成形之前就作罷。

畢竟，我已親眼目睹過媽媽爲孩子的死而悲痛不已的景況。在我八歲時，我們失去了我那只有兩歲的弟弟。他生來患有唐氏症，心臟也有缺損。我永遠忘不了他的死帶給父母的打擊，以及我母親花了多久時間才克服哀痛。單單是這段記憶，可能就構成了我今天之所以還在這裡的最大原因。

動盪不安的青春期

隨著青春期的到來，身體開始發育，我發現自己會想用寬鬆的衣服藏起變化的身體，以免惹人注目。我把頭髮留長，因爲隱沒在濃密的長髮底下帶給我一種安全感和保護感。我懷著不要有人注意到我的希望度過求學生涯，因爲我相信只要沒人看見我，就不至於有人會找我麻煩。

其他孩子一起出去玩，一同參與各式各樣的課外活動（例如休閒運動）和有趣的週末聚會（例如校園舞會），我則一概敬而遠之。我不想去了又覺得受到冷落。放學後，我寧可在家陪家人，或者自己一個人聽聽音樂、看看書。有時候，我的家人會和其他家庭的人一起出去，我很享受這些活動，但我從來不曾告訴任何人我在學校碰到的事。這部分始終是令我感到羞恥的祕密。

當然，我的童年並非一無可取。事實上，我的生活在許多方面都很精采也很神奇，尤其是浸淫在香港的多元文化與多種語言之中。如今要拿任何東西來換我在那裡長大的經驗，我一定不願意。但我心裡的傷害已經造成，時間的炸彈已然開始倒數計時，只等著在更後來的人生階段中爆炸。

如同童年受到的任何一種不當對待，霸凌會從根本上深深地改變我們。如果從很小的時候就開始，而且持續了很長一段時間，霸凌便足以永遠影響我們看待世界的眼光，以及我們看待自己和人際關係的眼光，即使是在霸凌事件結束很久之後。當一個孩子早年就經歷霸凌，這孩子日後對人生的預期都會因而改變。毫不意外地，在人生中的早年歲月，我其實都預期自己會遭到拒絕。我持續允許霸凌發生在自己身上，這種被動的表現只反映出我內心對自己的觀感，而這種觀感接下來延續了很多、很多年。

結果導致後來在人生中的每一階段，我都認為要非常努力才能證明自己——證明自己在各方面的價值，也證明自己值得得到一點點正面的回應。霸凌的經驗也讓我對負面批評十分敏感，我會默默地在心裡把這些負評誇大。但霸凌對我造成的最大影響，可能在於每當眞的有人給我正面回應時，我反而會覺得自己不配得到他們的讚美。接下來，我要麼會拒絕他們給予我的關注，要麼會對他們過分感激。於是又導致我刻意討好他們，想向他們證明我眞的值得受到正面的關注。有時候，我討好他人甚至到了讓自己成爲腳踏墊的地步。

一言以蔽之，霸凌剝奪了我的自我價值感。

學習愛的真諦

所以你就可以想像，瀕臨死亡時的體悟，對我而言是多麼不可思議。在瀕死之際，我發現自己不只值得被愛，而且也眞的是宇宙間一個美好、輝煌、強大的創造物。只因我是我，我就值得無條件的愛。我在各個方面都獨一無二、不同凡響，而且獨具價值。我不需要任何努力就值得擁有這份愛的禮物。我不需要爲了收穫宇宙對我既深且久的愛，而特意播下任何種子。我什麼也不必證明，什麼也不必達成，什麼也不必改造。事情本來就是這樣，一如日出日落般確定。

在瀕死之界晶亮的光芒下，我明白了在學校所遭遇的一切並非我的錯。那些小朋友的行爲純粹是出於自身的不安，因爲她們也覺得自己不被愛且無能爲力。然而，她們得到的宇宙之愛就跟我一樣多、一樣深。她們也一樣美好而不可思議，儘管她們就像我一般並不知道這一點。她們把自身的無價值感投射到我身上，只因她們可以這麼做，而不是因爲我做了什麼，活該受到這種對待。

我也很神奇地看見，無論是她們或我的所作所爲都不需要原諒。我們的所作所爲全都是出於無知，純粹是因爲社會灌輸給我們的東西，而我們的社會也失去了它對神性的認識。我們所經歷的一切，不分好壞，都是找回無條件的愛必經的過程。

破除「別人對我不好，是因爲我不好」的迷思

如果「罪有應得，自作自受」是種迷思，那麼真相是什麼？

想想這些可能的真相：

- 無論人們對彼此的想法是什麼、或是對彼此說了什麼，我們全都值得以自己本來的樣子，得到無條件的愛。不需要汲汲營營地去爭取愛，因那本是我們與生俱來的權利。
- 在另一個世界，我們每一個人都被視為宇宙間美好、輝煌而強大的創造物，在每一方面都獨一無二、不同凡響，而且獨具價值。
- 無論我們說了什麼或做了什麼（甚至就算在這世上真的沒人愛我

們），宇宙對每一個人都懷著既深且久的愛。畢竟，我們都是一體相連的，我們都是整體的一分子。

實作與練習：

- 當別人以任何一種方式羞辱你，要知道他們的行為直接反映了其自身的痛苦與混亂。同樣的道理，要記得敞開你的心扉，對他們的痛苦感同身受，這對你和他們都有好處，而且這並不等同於姑息他們的行為。
- 每當覺得別人讓你日子難過，就想像一下你需要什麼樣的技巧或見地，才能妥善應付這種處境。接下來，要知道這些技巧與見地唾手可得，否則宇宙就不會讓你置身這種處境。如果你能看見發生在你身上的狀況是成長的契機，而不是沉重的負荷，那麼你就會更快掌握到克服挑戰所需要的竅門。

- 想像你和折磨你的人是一齣戲裡的演員，接著想像你在表演結束後的慶功宴上與他們相聚，這時他們已不在角色裡。想像他們徹底換了一個人，個性可愛討喜，不但以真摯的情誼迎接你，還讚美你在劇中的表現。時常練習這套觀想，每一次的練習都將協助你一點一點地轉變自己的觀點。
- 觀想自己重回一件不愉快的往事裡，想像自己以不同的方式處理過去的傷痛。從一個更成熟懂事且有智慧的角度，基於你從人生中學習到的一切，重新回頭去處理。盡可能讓你的觀想顯得切實可行，並且要想像最後的結果是雙贏，而不是只有你自己獲益。
- 學習情緒釋放拍打術、呼吸練習或靜心冥想等技巧，幫助自己化解把你困在過去的焦慮或情緒反應，好讓你能活在當下。

問問自己這些問題：

- 我在過去受到最嚴重的創傷和羞辱是什麼？這些經驗有沒有共同

的元素或主題？

- 有沒有可能別人覺得我對他們不好？即使是在無心的小地方？懷著這種想法，我能否體認到過去某些痛苦的遭遇可能是對方的無心之失，或是我誤解了對方的言行舉止？
- 我要怎樣才能接受自己值得宇宙無條件的愛？如果能夠做一件小事，讓我更接近這種全然的自我接納一步，那件事會是什麼？

我知道我本來的樣子就已足夠，我不需要證明自己的價值，當……

- 別人試圖挑戰我的極限或激起我的反應，抑或是他們表現出以往會引發我強烈情緒反應的行為，我能專注在當下，只活在現在。
- 我不用外在的因素來界定自己的價值，例如我的外貌或成就。
- 我比較不去想「我值得什麼」，而比較會去想「我是什麼」——我是純粹的愛與純粹的覺知。

迷思 2

愛自己是自私的

接納過往，感恩現在

我坐在渡輪上，心不在焉地做著白日夢，從愉景灣的村子（直到前陣子我都還住在那裡）渡海去香港。我愛搭渡輪，二十三分鐘的航程總是感覺太短。只要可以，我就會坐在靠窗的位子，看著海面上的大小船隻，望著起起伏伏的海浪，欣賞海鷗的俯衝與鳴叫，看牠們彼此追逐，或搶食乘客丟出的麵包等東西。夜裡，我則欣賞著城市的天際線。香港一年到頭有各式各樣的假期和慶典，普遍都會放煙火慶祝，平日的城市天際線亮得就像節慶時的煙火，景色好不絢爛！

就在這一天，由於我是率先登船的人之一，上去之後大概要等個十分鐘才會開船，於是我照例坐到窗邊的老位子，望著水面發呆，腦袋開始浮想聯翩，思緒不由自主地轉啊轉。童年遭到霸凌的記憶從腦海裡浮現，接著又想起我被診斷罹患癌症，二〇〇六年二月差點離開人世。一幕又一幕的過往閃過腦際，最終來到我現在的人生。

我想著受到嘲弄與排擠的童年際遇如何形成了我的自我認知，讓我相信自己低人一等且一無是處。我懷著自己的種族與膚色不如人的想法度日，自認必須努力不懈地向他人證明自己，才能受到接納、被人喜歡。而生於一個男尊女卑的文化無疑沒有幫助，所以整體而言，無怪乎我在成長過程中自尊心這麼低落了。

即使我的父母很愛我，印度文化卻建構了他們的觀念，並塑造了他們的人生，他們又反過來將這些觀念灌輸給我。但我的父母是在印度長大，那裡的每一個人都和他們有著相同的信念和價值觀。不像他們，我必須將這些信念融入一個截然不同的背景之中，因爲我的同學們絕大多數來自英國，他們的信念和價值觀與我的家人大異其趣。

年復一年，這些繁複的因素持續塑造我的自我形象與自我認同，既失眞又失準，與我的眞實樣貌背道而馳。但就跟多數人一樣，我難得質疑自己的基礎核心價值與信念，它們就這樣成爲我所認定的眞理。或許也可以說，它們成了我的「作業系統」的一部分。

現在我明白，我們的每一個念頭其實都是整體思維、信念與觀點的一部分，我們終其一生持續織就這片廣大的思想之網。換言之，即使是看似單一的念頭，例如在一趟香港渡輪之旅中冒出來的念頭，實際上都不是個別獨立的。每一個念頭都是我們之前有過的想法所致，包括我們給自己的說法、我們的信念、我們的才能、我們的力量、我們的弱點、我們的見解，等等等等。所以，就連看似偶然從腦海中冒出來的念頭，實際上都和我們所經歷過的一切密不可分。

現在我也明白，潛意識裡低人一等的感覺，乃至於「我不值得」、「我不配」的感受，是我罹患癌症的根源。癌症本該要了我的命，醫生很確定我活不下來，我也相信他們的判斷。我感覺到他們的恐懼，並將這份恐懼變成我的恐懼。回想當初那些日子，我會躺在床上，對摧殘著我的病魔恐懼不已，深怕睡著後就再也醒不過來了……接著，第二天醒來，我又會希望這一切只是一場噩夢，但卻發現那不是夢。

我現在知道，如果當初的我明白如今我所明白的道理，那麼我根本不會罹患癌症。坐在船上浮想聯翩時，我想像自己及時回到過去，安慰九歲大的我。我開始設想自己會對她說些什麼。

我會想讓她知道，她是多麼完美、多麼美好，又是多麼被愛、多麼受到珍惜。我會想讓她知道，孩子們的言行舉止有可能多麼殘酷，但一切的霸凌行爲實在不是她的問題。我會想讓她知道，她一點錯也沒有，她本來的樣子就很好，那些小霸王的暴行是出於自身的不安。她們不強，她們很弱。她們不是無所畏懼，而是虛張聲勢。正因如此，她們才找她的麻煩——不是因爲她的膚色、髮質，或是她身上任何的特點。

我的思緒接著飄到現在的人生——一個有趣許多又充滿喜樂的境地。現在的我行遍世界各地，在廣大的聽眾面前演講，與會人士包括偉恩·戴爾、露易絲·賀（Louise Hay）和狄帕克·喬普拉（Deepak Chopra）。我的人生光輝燦爛又振奮人心，我覺得自己對別人的人生有所貢獻。在灰暗陰鬱的童年歲月裡，世界就像一頭來自地獄、青面獠牙的怪獸，等著吞噬我。我怎麼也想像不到自己的人生能達到這種境地。

但話說回來，如果打從一開始我就覺得自己被愛、被珍惜，明白自己竟是這麼了不起，我也不知道結果會怎樣。或許就是要經歷那些霸凌、痛苦和恐懼，我才能有所覺悟，我的人生才能享有現在這些正面的東西。我確實相信，人生中的一切最終都會對我們有益，也唯有在兩相對照之下，我們才看得清事實的眞相。所以，或許痛苦、恐懼和折磨都是必要的，相形之下，我們才能體會並欣賞眞正的愛與美，以及眞正的接納與喜悅。

從朋友的遭遇看見自己的現況

無論如何，現在的我追隨自己的熱忱，我愛對著全球各地各式各樣的聽眾演講，至今也依舊非常享受旅行。嗯……除了跨越時區在生理上眞的很累人之外，事實上，當我坐在船上東想西想之際，前一趟旅程的時差都還沒調過來呢！我壓下打呵欠的衝動，這時有個熟悉的聲音叫了我的名字，把我從白日夢中驚醒。

「嗨，艾妮塔！見到你眞好！介意我坐這裡嗎？」

說話的人是住我附近的朋友艾琳。我望了窗外一眼，發覺我們甚至還沒開出碼頭，但感覺卻像過了很久。類似的情況總是勾起我二〇〇六年從昏迷中甦醒的回憶，我其實只昏迷了三十個小時，但感覺卻像過了好幾年。

「嗨，艾琳！」我喊了回去，熱情回應她的招呼。「快坐下吧。見到你眞好！」

雖然艾琳穿得光鮮亮麗，一件品牌上衣搭配合身牛仔褲，黑色的短髮顯得精神抖擻，但她的一舉一動和臉上的氣色卻不是這麼回事。她看起來很累、很疲憊，顯得比她四十幾歲的實際年齡更老。在我身旁坐下之後，她問我最近過得如何。

「很棒啊！」我說：「你呢？」

「還好啦。」她答道。但她很快想了想，又改口道：「嗯，坦白說，沒那麼好。工作上還是有問題，老闆把我踩在腳底下，工作時數又很長。家庭生活也不容易，女兒抱怨我陪她的時間不夠，我和男友的關係目前也不太穩定。好累喔，我都快被榨乾了。」

打從我認識她起，艾琳這些年來的生活一點兒也沒有改變。她的工作、她的女兒、她的經濟和感情狀況總是讓她疲於應付。許多年前，艾琳和我會聊我們人生中的問題，一聊就是幾小時。我們會感嘆自己真是受夠了、人生真是太難了，我們也會互相對照彼此的處境，感嘆我們總是犧牲自己和自己的人生，好讓別人可以擁有他們想要的。基本上，我們都相信自己是人生處境的受害者，我們無私奉獻，其他每一個人卻都很自私。我們從來沒有一刻認為自己和造成這些處境之間有什麼關係。

時移事遷，幾年之後，艾琳的故事並沒有多大改變。有些人物換了，但劇情是一樣的。請注意，我不是要批評她。我深知自己也很可能依舊置身於她的處境。若不是經歷了我所經歷的一切，我和艾琳各自平行的人生可能會互相對調。罹患癌症、死過一回又回到人世，感覺就像重新歸零再開始，我和我的人生觀徹底改頭換面。

我回應道：「啊，艾琳，很遺憾聽到你的日子這麼難過。怎麼會這樣？」

艾琳立刻接受了這個歡迎她吐苦水的邀請，反問道：「我該從何說起呢？」

「不如從有趣的地方開始吧。」我提議道：「娜塔莉怎麼樣？」我問及她的女兒，試圖讓談話輕鬆一點，心想不管可愛的小娜塔莉做了什麼，都不至於太糟糕吧！

「別跟我提娜塔莉！」艾琳駁斥道：「她現在到了一個實在很叛逆的年紀，老是跟我作對。她就是個只想爲所欲爲的叛逆小鬼，穿著也變得很邋遢，都不打理一下她的門面。我在她身上花了那麼多錢，她卻一點也不知感激。她不知道金錢的價值，不能體會我工作賺錢有多辛苦，供她念好的學校、穿好的衣服、買電腦，等等等等。」艾琳喜歡穿得體面又時髦，我感覺得到女兒對穿著打扮沒興趣有多讓她惱怒。

「喔，艾琳，她才十三歲！這個年紀的孩子不就是這樣？我知道我或許沒立場說這種話，因爲我沒有孩子，但在我看來，娜塔莉很棒！」我希望這樣的回應能讓她心情愉快一點。

「她表面上或許很棒，但也就是表面上。她的行爲還是像個小屁孩！我在她這個年紀的時候成熟多了。」艾琳接著又繼續叨念起她目前面臨的種種考驗。

我坐在那裡，聽我的朋友抱怨她的女兒、男友、工作和經濟狀況。從她身上，我察覺到一種以前的我很熟悉的感受。在這一切的背後，是一種無能爲力而不被愛的心情。艾琳就像多數人一樣，把內心對自己的失望轉嫁到女兒、男友和身邊的每一個人、每一件事上。而把自己的失敗、挫折和不滿怪到別人頭上，總是比反觀自己內心有哪裡需要療癒容易得多。

從真正愛自己開始

儘管艾琳穿著很好的衣服，用心地打理自己的門面，我卻看得出來她並不是眞的愛自己。事實上，她對自己很嚴苛，常把自己逼得太緊，達不到期望時就對自己很失望。我感覺到她對時髦以及外觀的追求，正是源自一種受到喜愛的渴望，或說是源於缺乏自尊心，而不是源於眞正的愛自己。

我之所以看得出來，是因爲畢竟我自己以前就是這個樣子。歷經瀕死經驗之前，我也不愛自己。我不明白愛自己既是我們最重要的任務，也是開啓幸福人生之鑰。當我得以從瀕死之境反觀自己，這一切才有了改變。從那個有利的位置，我得以透過神聖的眼光看自己。我看見自己眞實的樣貌，也看見自己在宇宙眼裡是多麼強大而特別。當我奄奄一息地躺在醫院病床上，我也看見自己怎麼會走到差點沒命的地步。

想像一下，突然間，你明白了你的信念、價値觀、評斷、意見、不安、懷疑與恐懼都不是你，這一切和你眞實的樣貌完全沒有關係。事實上，這一切只是日復一日的人生經驗所積累的層層濾網。接著再想像一下，這些濾網一層又一層地被吹開，你的眞實樣貌赤裸裸地暴露出來，讓你一覽無遺。

這就是我碰到的情況。當我一腳跨到另一邊，我剝除了層層濾網與重重包袱，看見眞實的自己比我一直以來認定的樣子偉大得多。我總是嫌棄自己，把自己排在最後，覺得自己不配，覺得自己不被愛。但在瀕死之境，我透過神的眼睛看自己，明白到自己絕非沒人愛且不可愛，我其實是美好的宇宙之子，只因我存在，就無條件地被宇宙所愛。我看見至高無上而燦爛輝煌的自己。我看見自己在每一方面都很完美。我是這一切的神聖本質所創造出來的。我明白了自己實在是光的存在，就如同曾經存在過的每一個人類以及自然界的每一分子，因爲整個自然界充滿了生命，而所有生命都是彼此相連的。

我恍然大悟，震驚不已。體認到自己是宇宙中心的核心，體認到自己絕對是這個整體不可或缺的一分子，使我頓時又敬又畏，畢竟過去的我對這一層奧義一無所知。突然間，我明白了自己是被愛的，我就是愛，而這一層領悟改變了我對自己和他人的整套信念體系。

覺察「愛自己並不自私」的真義

所以，坐在渡輪上的那一刻，我真的、真的很想讓艾琳明白，真正的她同樣遠超過她自認爲的樣貌，她不需要這麼苛責自己。我很確定只要她明白自己值得擁有人生所有的喜樂，她的一堆問題就會迎刃而解。但爲了讓別人愛她，艾琳必須覺得自己是可愛的、有價值的、值得愛的。一旦她終於懂得愛自己，自然而然就會得到別人的愛。

我的朋友正在訴說她的男友如何將她視爲理所當然，待她就像一塊腳踏墊。我脫口而出道：「艾琳，你有沒有察覺到自己有多美、多聰明？」

「怎麼突然這麼說？」她反問道。我的話她聽了既驚又喜，直到那一刻爲止都很淒慘的表情，頓時亮了起來。

「是眞的啊！」我堅持道：「我不認爲你明白自己有多棒，所以你才會覺得別人也看不見你的價值。你美得難以置信。你很可愛，也值得被愛。但我學到了一個道理，那就是我們必須明白自己很可愛，並且由衷覺得自己值得愛，才會看到周遭的世界反映出這份愛。」

「你說起來很容易，因爲你過得很好！」她駁斥道：「你很容易就可以愛自己，也很容易就可以相信自己很好、很棒。但我現在的人生爛透了，所以我當然很氣我自己！我的人生怎麼會弄成這個樣子？我本來沒想把我的人生過成這樣啊！我怎麼會錯得這麼離譜？」

「艾琳，你忘記我經歷過什麼了！」我斷然說道：「以前我也不滿意自己的處境，但我差點就死了，還記得嗎？要到那時，我才明白愛自己是多麼重要，而且永遠、絕對不要拋棄自己！在演講的時候，我都告訴聽眾要愛自己，就像他們的生命全繫於對自己的愛一樣，因爲就是這份愛把我從鬼門關前拉了回來，拉到我現在的位置。我們必須先愛自己，接著我們的人生才會改觀，而不是反過來！我們藉由愛自己來爲他人立下典範，讓人學會如何對待我們。」

「但我一直以來被灌輸的觀念，都是愛自己很自私啊！」艾琳反駁道。她的表情又蒙上一層憂慮。「而且，我還有個女兒要考慮！我得把她擺在優先順位，並且犧牲我自己的許多需求，否則我怎麼供她上學，給她所有她需要的機會，免得她重蹈我的覆轍？我得擔心自己怎麼供得起她啊！」

我知道艾琳過去十年左右的人生都很努力在工作，做的又往往是她不喜歡的內容，因爲她想竭盡所能給娜塔莉更多的機會。她送娜塔莉去念最好的學校，幫她報名許多的課後輔導和額外課程，確保她接觸到廣泛的科目，並且拿到很好的成績。這麼做，顯然爲母女雙方都帶來極大的壓力。

我說：「我知道我不是媽媽，但我們都有母親，我們也都當過小孩。所以就我個人的看法，我知道我的父母所能給我最好的禮物，就是教我愛自己。我相信當父母犧牲自己、把自己的需求排到最後順位，孩子從他們身上學到的就是犧牲。孩子是從父母的身教來學習，而不是從言教。」

我繼續說：「霸凌、不當對待和絕望的成長背景沒有教我愛自己。相反的，我把所有恐懼和負面的事情內化。在內心深處，我不只覺得自己有所不足，還覺得自己不配、不值得被愛、被重視、被珍惜。長大成人之後，這種核心的信念塑造了我絕大部分的自我認知。

「我也受到文化的影響，相信女性天生就是次等的，女性身分是一種能避則避的包袱。我也像你一樣，被灌輸了愛自己或把自己排在他人前面很自私的觀念。身爲女性，我的人生要爲他人服務，這是社會對我的期待。就這方面的觀念而言，我知道你和我並不孤單。每次帶領工作坊的時候，我都會請大家舉手，看看聽眾裡有多少人在成長過程中被灌輸了『愛自己很自私』的觀念。每一次都有百分之九十九的聽眾舉手。我不知道自己爲什麼還會爲這種現象感到訝異，畢竟我自己就是這些人之一！

「順帶一提，小時候你有沒有學過『你要愛鄰人像愛自己一樣』這句話？」我問。

「我當然記得這句教誨。」艾琳反駁道：「事實上，我不斷向娜塔莉強調這一點。我要她在成長過程中學到待人如己的重要！」

「那樣是很好，艾琳。」我說：「我也覺得對他人懷有同理心眞的很重要，但我問你一個問題：如果你不愛自己呢？如果你連自己都不愛，要怎麼『愛鄰人像愛自己一樣』？」

這下子，艾琳有如大夢初醒。我看到她整個表情都變了。把我的話完全聽進去之後，話裡的涵義使得她瞪大了眼睛。

她興奮地說：「對啊，有道理耶！艾妮塔，這就是你所謂『我們自己沒有的東西，又要怎麼給別人』，對嗎？」

我歡呼道：「完全正確！除非先學會無條件地愛自己，否則我們不可能眞的去愛其他人。『愛自己很自私』是一個迷思，與這個迷思恰恰相反的信念才能讓我們眞正活得充實而喜樂。這就是爲什麼我覺得我們活在一個上下顚倒的世界，我們被灌輸的想法和眞正對人生有幫助的觀念恰恰相反。而我們這些偶然領悟到愛自己有多重要的人，往往因爲貫徹愛自己的眞理而遭人非難，許多人因而不敢承認這才是我們心之所信，這也就是爲什麼這個眞理成了大家守口如瓶的祕密。」

艾琳似乎全神貫注在聽我講話，於是我繼續說了下去。

「但你務必明白：除非我愛自己，否則人生中其他的一切都不會發揮到極致。每一天，我體會到多少的深度、意義與喜悅，以及我對他人懷有多少的愛、善意與耐心，都和我有多愛自己成正比。畢竟，就像你剛剛說的，我們沒辦法給別人連自己都沒有的東西。我從別人那裡獲得多少的愛、尊重、支持與憐惜，也和我有多愛自己成正比，因爲除非我有地方可以放置，否則我不可能收下這些東西。」

我繼續說：「若是不愛自己，我們就否定了神透過我們所要彰顯的神聖之處！而我們之所以否定它，是因爲我們受到制約，誤以爲愛自己（或承認我們愛自己）

是自我中心又自戀到極點的表現。但沒有比這種想法更離譜的事了，自戀是來自相反的源頭，正是因爲自我之愛的匱乏，我們才會想要尋求他人的關注，以彌補自己內心所缺。」

我把這一切都說出來之後，我倆只是坐在那裡，沉默許久。

自我療癒應是出於愛，而非恐懼

「欸，我剛剛想到一件事！」艾琳突然打破沉默嚷嚷道：「我實際上一定很愛自己，因爲我確實會好好照顧自己。我是說，我吃得很健康，又喜歡穿得漂漂亮亮，而且老愛做頭髮、彩繪指甲之類的。那不就表示我很愛自己嗎？」

「我覺得你花時間爲自己做這些事眞的很棒，我也很欣賞你這一點。」我回應道：「但這些作爲和愛自己的表現實在是兩回事。」我回想起自己在罹癌前曾經注重健康到走火入魔的地步。

事實上，我堪稱是健康飲食界的模範生。我的飲食恪守有機、純素的原則，而且每天打精力湯喝，甚至還自己種小麥草。我對放進自己嘴裡的東西很執著。我老是在網路上東看西看，情不自禁地研究起營養補充錠、健康食品，以及最新的超級食物。我做盡一切來防癌，結果我卻得了癌症。

當我置身於另一個世界，舊有的價值觀和信念被層層剝除，讓我和最核心的眞我素面相見，我學到我的一切行爲都是由兩種主要的力量在驅動，一是愛，一是恐懼。我曾經有過的每一個作爲背後，都是這兩種力量其中之一。我可以清楚看見自己絕大部分的人生都是受到恐懼的驅策，而不是受到愛的鼓動。突然間，我很清楚地體認到：要想讓我的人生改頭換面，從此以後我說的每一句話、做的每一件事，都必須來自於愛，而非恐懼。

在我做盡一切維持健康的時候，我的偏執行爲是出於害怕罹癌的恐懼，而非出於愛自己（雖然我沒向艾琳表達，但我感覺得到她對自己的照顧也是出於恐懼）。現在，當我選擇吃得健康或做任何有益健康的事情，則是因爲我愛自己，我想活得長長久久、健健康康。現在，我不再執著，反倒還滿放鬆的，因爲我的行爲並不是受到恐懼的驅動。我知道在欣賞日落的同時享用一杯冰淇淋，並不會讓我得到癌症。

在這裡要澄清一下，我不認爲艾琳（或任何人，就這件事而言）只因心懷恐懼就會得癌症（而且無論如何，我希望我們的談話改變了艾琳對自我之愛的看法）。但我確實認爲，社會並不鼓勵我們充分自我覺察、認清自身行爲背後的動機。事實上，很多人以爲愛自己就是否認自己的弱點和看似失敗之處，他們並不肯定自己，而是用一些正向口號來激勵自己，但如此一來就搞錯重點了。

愛自己不只是不斷讚美自己，不斷告訴自己說你有多棒多棒，而是要去愛「眞實」的你、「人性化」的你——那個不堪一擊、受到批評就會動搖、有時達不到標準而令人失望的人。愛自己是下定決心要對自己不離不棄，即使其他人都離棄了你！

這就是我所謂的「要愛自己，就像你的生命全繫於此」，因爲我知道事實就是如此，簡單明瞭，無庸置疑！

破除「愛自己是自私的」的迷思

如果「愛自己很自私」是種迷思，那麼真相是什麼？

想想這些可能的真相：

- 因為我們不能給別人自己所沒有的東西，所以在能夠去愛任何人之前，絕對有必要先愛自己。舉例而言，如果我們不先愛自己，就沒辦法愛鄰人如己。
- 我們越愛自己，能給別人的愛就越多，因為愛是成等比級數增長的（我們並不會耗盡自己所感受到的愛）。
- 如果我們全都是神／宇宙能量／造物主的一種表現形式，那麼不愛自己就等同於主張神/宇宙能量/造物主不值得愛。

實作與練習：

- 每天寫下五個關於你自己的正面特質，舉凡任何正面的東西都可以，像是你如何處理一個棘手的情況、如何照顧家庭、你擁有的某項才華或能力，或甚至是你自己很欣賞的外貌特徵。把這些每日清單寫成一本日記，日後你就可以回頭看自己寫了些什麼。我們往往會習慣性地挑剔自己，所以這個練習的目的是要重新訓練大腦，讓我們注意自己正面的特質，而不要老是針對負面的部分。
- 如果你有一個信任的伴侶、配偶、朋友或家人，和這個人約定好，練習指出你們在彼此身上看到的正面特質，每天只要花五分鐘練習就好。這個活動可以修復或強化任何的人際關係，同時也會提升你的自尊心。

● 每天早上醒來後，直視鏡中自己的眼睛，大聲說：「我愛你。我永遠不會讓你失望，永遠不會拋棄你，或待你有如一塊腳踏墊。我永遠都會是你最好的朋友！」按照個人的感受調整這些字句的內容。一天當中，只要覺得有需要，儘管隨時重複這個練習。

問問自己這些問題：

● 我要怎麼更愛自己？

● 如果我現在真的愛自己，那麼我會做些什麼？

● 不管面臨的是什麼挑戰，我要怎麼給自己更多支持？

● 我要怎麼向孩子或身邊其他年輕人示範愛自己有多重要？

我知道這樣就是愛自己，當……

● 我允許自己做一些感覺很好玩的選擇，帶給自己喜悅和樂趣，不去擔心其他人會怎麼想。

- 我的人生很順遂或過得很快樂的時候，我不再覺得有罪惡感。
- 自我批判的聲音不再是我腦海裡最響亮的聲音。
- 我不再推辭他人給我的讚美，轉而回以真誠的感激。
- 我為別人所做的事都是我甘心樂意，而不是出於責任感或罪惡感，又或者因為我覺得不得不去做。
- 即使周遭的人情況不好或內心不快樂，我也認同自己有快樂的權利。

迷思 3

眞愛就是
毫無底線的付出

清晨的一場訪談

在香港一個寒冷的早晨，我在我的電腦前坐下，調整一下耳機，準備接南加州一個廣播節目主持人的電話，她要在現場直播節目中訪問我。我這裡是清晨六點，對加州的聽眾而言則是前一天下午三點。科技令我驚奇。我竟然能在自己家裡，與地球另一頭的電台主持人做訪談，並透過各自的電腦螢幕彼此對話，對此，我還是覺得難以置信。

到了這時，儘管透過網路和其他媒介分享我的故事已經成爲我的生活方式，我對那天早上的訪問還是興奮不已，在那之前的半小時我就醒了。起床前，我在一片漆黑中躺在床上，腦海裡的思緒轉呀轉，想著我的瀕死經驗是如何從根本上改變我的人生。即使到了現在，每當想起二〇〇六年二月的那一天，我還是會熱淚盈眶——那天，本該是我在世上的最後一天。

想起置身於另一個世界的感覺，想起領悟到自己仍有理由返回人世的感覺，我內心充滿激動的情緒。在瀕死狀態中，我看見自己未來的人生在眼前展開。冥冥中，我就是知道自己即將影響全世界成千上萬的人，甚至是數十萬、數百萬的人，即使當時我還不明就裡，不知道這一切要怎麼實現。我也很清楚自己不必刻意做什麼來促成這一切。一切自會以應有的步調水到渠成。從那之後，我又驚又奇地看著一切自然發展，看著點點滴滴匯聚成河，展現出不凡的風貌，遠遠超乎我所能想像。

我躺在一片漆黑之中，聽著丈夫丹尼在一旁呼呼大睡的聲音。有時我很羨慕他不爲所動的能力，縱使我受到眾人矚目這件事，肯定對他有所衝擊。幾分鐘過後，我悄悄爬下床，披上一件毛巾布睡袍，走到廚房泡一杯大吉嶺茶。我從水龍頭接水，把水壺裝滿，放到爐台上燒。水壺的哨音過幾分鐘就響了，我把熱水倒出來，蓋過香氣四溢的茶包，讓茶包浸泡在熱水中。

我坐到書桌前（這裡已經成爲我和外界接觸的地方），一邊查看電郵，一邊等訪談開始。廣播節目主持人蕾亞娜準時來電。互相介紹過後，她告訴我，她覺得我的故事很不可思議，我們的訪談要聚焦在我從瀕死經驗中學到的東西，以及這段經歷如何影響我目前的人生。

「沒問題。」我告訴她：「看你想聊什麼都可以。」我從她輕快的語氣聽得出來，這會是一場很棒的訪談。她不只專業，也給人一種非常眞誠而有愛心的印象。我知道我會和她聊得很愉快，她會把我最精采的部分激發出來。

對「無條件的愛」的誤解

蕾亞娜做了開場，把我介紹給聽眾，接著問了一個我最愛的問題：「你在書裡提到，在另一個世界，你明白了一件很重要的事，那就是我們都擁有無條件的愛。你說明白這個眞理治好了你的癌症。可以請你再多談一點嗎？你所謂『我們都擁有無條件的愛』是什麼意思？」

「當然可以。」我答道。我的思緒和感受回到另一個世界，重新體驗那種意識無限擴展的狀態。每當回顧起那種狀態，我就彷彿重新把它活過一次。它不只是記憶而已。我再次感受到我所有的知覺都沉浸在那種合爲一體的狀態裡，沐浴在純粹、絕對、無條件的愛與接納之中。

「每次談到那個不可置信的狀態，我都覺得非常激動。」我告訴蕾亞娜：「現在我光想就會起雞皮疙瘩。那種狀態難以言喻，是我前所未有的經歷，但讓我試試要怎麼說。置身於那種狀態，讓我明白了我不需要做任何事就值得被愛。我明白了只因我存在，我就擁有無條件的愛！事實上，就連『無條件的』四個字都嫌多餘，因爲愛本來就是無條件的，這才是愛眞正的定義。『無條件的愛』是一種反襯修辭，亦即一個自相矛盾的說法。一旦我們把條件加諸於愛，愛就不成其爲愛了。」

說話時，我直視蕾亞娜在電腦螢幕上的影像。我看得出來她也聚精會神地望著我。我湊近螢幕，繼續說下去。

「當我們處於那種超越肉體的意識狀態中，一切都變得再明白不過。」我解釋道：「我們大徹大悟，什麼都清楚了——清楚得驚人，清楚得無與倫比，清楚得超乎這個有形世界所能想像。就像做了一個複雜又恐怖的噩夢，從沉睡中醒來之後覺得如釋重負，因爲整件事只是一場夢。當我從另一個世界醒來，明白我不是我那副病體之時，就是這種感覺。」

蕾亞娜接口道：「聽起來眞的很震撼！而且眞是醍醐灌頂，因爲明白到自己擁有無條件的愛治好了你的癌症。」蕾亞娜轉而又說：「聽眾的問題瘋狂湧入。這裡有位聽眾想請你多聊聊無條件的愛，那和我們對心愛的人、寵物或家庭的愛有什麼不同？」

我答道：「這無異於拿螢火蟲和太陽相比！螢火蟲的光芒溫和卻沒有熱度，太陽卻是炙熱又耀眼。當太陽大放光芒，我們都沐浴在輝煌的光與熱之中，太陽的光輝完全將我們包圍。這是無條件的。太陽不會選擇它要或不要給誰光與熱。太陽就是發光發熱。每個人都能沐浴在太陽的燦爛、溫暖與光輝之中。而且，太陽永遠沒有黯淡下來的一天。因爲地球旋轉的緣故，我們或許不能一直看到它，但太陽本身並不會爲了任何原因而停止大放光芒。當我們背對太陽時，地球另一邊的人正面對太陽。

「相形之下，螢火蟲的光芒就微弱得多，而且較爲侷限、比較有選擇性，也比較有條件。你的視線必須正對螢火蟲，才能看到牠的光芒，即使如此也很容易看走眼或看不到。螢火蟲自有牠的美麗之處，但和太陽相比，就顯得有點微不足道。如果想要一直看到螢火蟲的光芒，你必須目不轉睛盯著牠，努力跟上牠飛來飛去的身影。與另一個世界火力全開、毫無條件的愛相比，世俗之愛感覺就像螢火蟲的光。

「我從瀕死經驗領悟到的其中一件事就是，無條件的愛是一種存在的狀態，而不是一種情感。這意味著它沒有對立面。人類的愛是一種情感，如同其他所有的情感，是兩個對立面的其中一面，會有與之對立的情感將它抵銷，例如恨或恐懼。但無條件的愛就是愛，它不是硬幣的其中一面。它是整枚硬幣！」

「說得眞好！」蕾亞娜面帶笑容回應道：「我實在無法想像這種愛和接納的體驗有多美妙，無論我們過去做過什麼，這種經歷一定超級震撼。」

「確實如此。」我贊同道：「即使到了現在，回想起那種狀態，我還是不禁熱淚盈眶、淚如雨下。在這個有形的世界裡，眞的沒有可堪比擬的東西。」

「太神奇了！」蕾亞娜說：「我想你所說的無條件的愛，讓我們所有人都有了期待。它聽起來是那麼輝煌燦爛！」

純粹的接納，是經營成熟關係的關鍵

「好，這裡有個眞的很有趣的問題，我自己也很好奇。」蕾亞娜讀著聽眾剛寄來的一封電郵，說道：「有位女性聽眾想問，她要怎麼無條件地愛一個虧待她、對她不好的人？她說她男友把她視爲理所當然，儘管她試著無條件地愛他，完全接受他所做的一切，給他更多更多的愛，但他們的關係始終沒有改善。她說『無條件的愛』這招在她身上行不通。」

聽到這裡，我立刻咧嘴而笑。

「我很喜歡這個問題。」我說：「因爲在我讀到的讀者來信中，對眞愛最大的誤解之一，即是以爲『無條件的愛就是隨便別人怎麼對你都可以』。無條件的眞愛始於自己。這就是爲什麼我老愛大談『愛自己』的重要性。一旦懂得愛自己，你就永遠不會容許任何人利用你或虧待你。

「如果對方的價值觀與我們相違背，我們得要足夠愛自己，才能毫無怨悔或恨意地離開這段關係，而不是巴著這段關係不放，爲了維持而維持，甚至不惜摧毀自己的靈魂。

「當你願意離開一段對你的靈魂有害的關係，通常會有兩種結果：一是對方發覺你不會留下來忍受這種對待，於是不得不改變自己的行爲，因爲他珍惜這段感情。二是對方不會改變，而你就這麼走了，你打開心門歡迎別人來到你的生命裡，這個『別人』愛你本來的樣子，珍惜你本來的樣子，而不會要你變成他想要的樣子。

「我想補充說明，眞正的、眞誠的、無條件的愛，是以對方的自我期許爲期許，無論是否違背我們對伴侶的期許。所以，我們必須放手讓我們的伴侶做自己，而不去期望他們扭曲自己來符合我們對他們的想像。眞正的考驗在於捫心自問：這段關係是自由自在的，還是感覺起來很受束縛？回答這個問題的時候，我們必須對自己誠實。以無條件的愛爲基礎的關係是自由自在的。這些伴侶之所以在一起，是因爲他們選擇在一起，而不是因爲他們受到彼此束縛。」

「一針見血！」蕾亞娜大嘆道：「但你能不能告訴我，具體而言，無條件的愛是什麼樣子？你和丹尼似乎就是這種關係，所以我很好奇那是怎麼回事，還有爲什麼可以做到這樣。」

「問得漂亮！」我開始娓娓道來：「首先，你說對了。丹尼和我之間的關係確實是以無條件的愛爲基礎。這並不表示一切都一帆風順或沒有挑戰，但這確實意味著我們容許彼此保有眞實的自我。

「舉例而言，我倆的需求、渴望和看待人生的態度都大相逕庭。丹尼喜歡高科技產品。他也喜歡偶爾來根雪茄。他不愛出門，寧可待在家裡，坐在他的電腦前面。他不喜歡甜食，但他喜歡一邊看《星際大爭霸》或《重返犯罪現場》等電視劇，一邊吃義式臘腸披薩或雙層起司小華堡。相形之下，我是個巧克力控、甜點控、包包控、鞋子控，香水的樣式再多也不夠，著迷於精美的刺繡披肩，只要可以寧可吃素，愛聽輕柔舒緩的音樂，喜歡到戶外親近大自然，尤其是坐在海邊聽浪濤，看到美麗的夕陽眞的會感動落淚。顯然，這種種差異可能導致一堆摩擦，但我們不太起爭執，即使我們相處的時間很多，很少和彼此分開。我倆都不會試圖改變對方。我們純粹只是給彼此應有的尊重，並且擁抱彼此的差異。我們也從對方身上學到很多，又因爲從這段關係中學到的東西，使得我們都有所改變與成長。」

「在一段成熟的關係中，雙方都會給予彼此純粹的接納。」我繼續補充道：「說來矛盾，然而一旦能夠彼此接納，通常就沒有理由離開這段關係，即使雙方的價值觀各不相同。

「打從一開始，丹尼和我就達成了幾個沒得商量的核心共識。我們一致同意絕不和對方冷戰，不管我們有多生氣。換言之，溝通的管道必須時時保持暢通。我們也同意絕不懷著對彼此的怒氣上床睡覺。結婚二十年來，我們依舊堅持這一點，不是出於義務，而是出於愛。我們都不想改變這種做法。」

我再補充道：「近來，我從另一個世界回來之後，丹尼和我每天早晨醒來都會彼此擁抱，在開始新的一天之前，向對方說『我愛你』。

「如果雙方眞心彼此接納，並且同意不論斷對方，那麼兩個截然不同的人便既可以相愛，也可以快樂地共存。唯有當雙方或其中一方將自己的價值觀和喜好強加在對方身上，給予對方負面的評價，問題才會產生。在很多關係中，其中一方深怕鬆手就會失去伴侶，因而不敢放掉他們自以爲擁有的控制權，於是透過操弄和控制，把一段關係緊緊攢在手裡。這完全不是一種愛的關係，而且毫不意外地，意圖控制的那一方只會把伴侶越推越遠。相形之下，在無條件的相愛關係裡，兩個人在一起是因爲他們想要，而不是因爲他們不得不要。當前有許多夫妻是被一紙婚約綁在一起，不管他們相愛與否。有一天，我希望我們能成熟到純粹出於自己的選擇來維持一段關係，而不是出於恐懼、義務或操控。」

「這眞的是十分中肯的建議。」蕾亞娜評論道：「未來的感情關係就該朝這個方向前進。有鑒於當今的離婚率這麼高，我認爲我們看待婚姻和感情的方式需要受到嚴酷的挑戰。」

「針對這個主題，我還有很多想跟你聊，但首先我們要休息休息，進一下廣告。回來之後，我想問問你在歷經瀕死之前的感情狀況，以及在那之後你有什麼改變。各位，不要走開，我們馬上回來，多問艾妮塔．穆札尼一些問題！」

蕾亞娜放出從節目過渡到廣告的串場音樂，我一邊聽，思緒一邊回到過去，回想我在歷經瀕死之前的心態，以及在那之後，我有多大的改變。昔日的我活在那麼多不必要的恐懼裡。我什麼都怕，包括幾乎不可能發生的未來事故。我總是想像最壞的情況，包括一大堆隨時準備朝我撲來的隱憂。

三不五時，我還是會有一些憂慮和不祥的感覺，但絕對不像瀕死之前那麼誇張。而且現在我知道要怎麼因應。我不會論斷自己的恐懼或憂慮，也不會設法把它們推開，或因爲這些感受而苛責自己。我純粹就是接納這些感受，而它們終會過去。

流淌的自來水聲突然吸引了我的注意，我聽出丹尼在廚房爲自己泡咖啡。他知道我在接受現場直播專訪，所以他起床後就悄悄溜到廚房，沒有發出半點聲響。他很擅長這麼做。

「早啊，親愛的！」我朝他喊道。

「啊，中場休息的廣告時間到了！」丹尼喊了回來：「你要再喝杯茶嗎？」

「好啊，麻煩你！」我回應道。

事實上，多虧了丹尼，我才能透過這些高科技設備從自家客廳接受採訪。他總是買最好的設備，然後在前一晚幫我把所有東西都弄好，調整好他的混音器，讓我在約定時間做好準備。採訪者常說我的設備音質很好，我總跟他們說我先生是個不折不扣的科技怪客！

廣告時間很快結束，串場音樂轉強又轉弱，丹尼適時送來一杯茶。

「各位聽眾，歡迎回來。」蕾亞娜親切地說：「我們今天的來賓是《死過一次才學會愛》的作者艾妮塔．穆札尼。歡迎回來，艾妮塔。好了，我們來聊聊你在歷經瀕死之前的感情狀況吧！瀕死之時，你得知自己擁有無條件的愛，而且你配得上那份愛，但在那之前的情況是如何呢？」

更上一層樓的愛

「坦白說，丹尼向來非常愛護我。」我答道：「但在遇到他之前，我經歷過幾段對方對我不好的感情，雖然身體上沒有遭到虐待，但在精神上和情感上無疑都受到了傷害。以前的我是寧濫勿缺，為了不想失去一段感情，我會盡力忍耐，以為再怎麼樣也好過單身。而且如果有哪裡出錯，我會歸咎在自己頭上，認為自己必須負起改善的責任。」

「我敢說很多聽眾都有同感，尤其是女性聽眾！」蕾亞娜熱切地回應道：「為我們舉幾個例子吧！」

「這個嘛……有一次，我抓到和我交往的男人跟我的一個閨蜜熱情擁吻。順帶一提，他都已經跟我求婚了呢！而我在那之後居然還接受他，因為結婚的想法對我來說就是那麼重要！你能想像那是怎樣的災難嗎？還有另一段感情則是對方表明婚後我必須當家庭主婦，就連在交往時，他都要我煮飯給他吃，還要我跟他媽媽學做他愛吃的菜。這種情況我也忍了一陣子，即使我根本不想。我一直質疑自己是哪根筋不對，家庭主婦有什麼好不想當的！」

「所以，你是怎麼遇到丹尼的？」蕾亞娜問。

「遇見丹尼的時候，我還在跟其中一個不對的人交往。」我告訴她：「一天晚上，我和一個女生朋友出去，丹尼剛好也在同一個地方。我們四目交會的時候，感覺就像認出了彼此。他和我交往過的每一個人都不一樣。一開始我還不相信自己的直覺，畢竟我有過太多不好的經驗。丹尼後來打電話約我見面，我因爲在和別人交往而拒絕了他，即使那個『別人』對我並不好。

「但丹尼鍥而不捨，他告訴我說他『認出』我來了，彷彿他上輩子就認識我。他還問我有沒有相同的感覺。我有，但我還是沒有勇氣離開當時的那段感情。

「幸好丹尼很有耐心，最後我也明白到他眞的是那個對的人！和他在一起就像回到家一樣。在許多方面，他拯救了我，把我從過去的我以及我可能會嫁的人手中救了出來。」

「哇！老天保佑，他聽起來太可愛了！」蕾亞娜說：「但在你的瀕死經驗之後，你們的關係有沒有改變？」

「有，絕對有！」我回應道：「以前，我總覺得要爲丹尼做很多，才能證明我配得上或值得擁有他的愛。即使他從沒讓我有那種感覺，但我自己就是這麼覺得。我所成長的圈子爲我貼上『逆女』的標籤！我很獨立，我背棄了父母之命、媒妁之言的婚約，在我的文化中，這是大逆不道的行爲。所以，我在他們眼裡很不受教，主見太強又固執己見。換言之，我糟到無可救藥，而我也相信自己很糟糕。所以，在內心深處，我總覺得怎麼可能有人會愛我這樣的人。我從沒想過或許丹尼就是愛我本來的樣子，我不需要努力去爭取。我是說，這樣也太容易了吧！所以，就爲了證明自己值得他的愛，我會百般扭曲自己去符合一個賢內助的形象——一個我自己想像出來的形象。

「要到歷經瀕死之後，我才明白我本來就值得被愛，不需要刻意努力做些什麼。這層領悟甚至爲我們帶來更大的轉變。本來我們的感情就很好，但後來還更上一層樓。

「我領悟到這輩子我不但沒有給自己無條件的愛，甚至還對自己傳達了『我不配被愛』的訊息，更因此沒能允許別人給我無條件的愛！

「單單是這層領悟就改變了我和丹尼的關係，因爲我變得敢於盡情做自己，而不再刻意追求我自認丹尼想要的樣子。一旦我開始盡情做自己，我們的關係就變得既輕鬆又有趣。更因爲我能完全接納自己，不再覺得有需要改變，所以我也能完全接納丹尼，不需要他做出任何改變。接著，我發現我越接納自己就越不會批判自己，相對也就越不會批判丹尼。

「我們之間的能量交換變得非常容易，而且再自然不過。與過去相比，外人看來最明顯的差異，可能在於我們現在笑口常開。眞的整天笑呵呵！笑彼此，笑自己，笑別人爲我們貼的標籤，笑我們在別人眼中的缺點——不過我們不會稱之爲『缺點』，而是稱之爲我們『人性化的部分』。

「從旁觀者的角度看來，另一件你會注意到的事，就是我們從不批判對方。絕對不會！反而還會用心告訴彼此我們欣賞對方什麼。我們是有意識地這麼做，而且持續不斷。」

「你們倆經營感情的方式眞的很高明。」蕾亞娜說：「你們的處世之道非常有智慧。」

「事實上，我並不認爲丹尼和我比其他夫妻高明，或比其他夫妻相愛。」我回應道：「然而，看看我們周遭，我看到好多人維持感情維持得很辛苦，甚至包括那些毫不吝於散播歡樂散播愛的人在內。我個人認爲這個問題的癥結在於不愛自己，或者感覺自己不配被愛。當我們覺得自己不配，就會變得沒辦法接受愛，結果導致我們不斷付出、不斷消耗自己。接著，我們就期望周遭的人給我們回報，幫助我們重新振作起來，畢竟我們一直爲他們付出。而如果看不到回報，得不到旁人的愛與關懷，我們就開始怨天尤人，心想自己一直爲人付出，輪到我們有需要時，他們怎麼不也爲我們付出一點？失衡的關係就是這樣形成的。」

「眞是一針見血！」蕾亞娜回應道：「和你共度的時光眞的很愉快，艾妮塔，無奈節目快到尾聲了，但在結束之前，我想碰觸一個你還沒聊到的課題。你對『服務他人』有什麼看法？那是一種回饋的精神嗎？你怎麼看待這件事？」

從愛出發的服務和奉獻

「當我們允許自己發自內心表現出眞實的自我時，自然而然就會展現出服務奉獻的精神，因爲那也是眞我的一部分。」我答覆道：「曾經，我之所以服務他人，是因爲覺得自己『應該』這麼做，因爲服務他人是在『做對的事』。這種服務是出於理智，而非發自內心，背後是責任感或義務感。一直像這樣迫於壓力去服務他人，無異於壓榨自己的心力。我們自認爲在行善，殊不知這對施受雙方都是不誠實的。如果不是出於愛，受者往往感受得到，並且會因此覺得對施者有所虧欠，這就變成一種不健康的循環。

「眞正的服務是發自內心的。」我繼續道：「而且當我們允許自己做自己時，服務是很自然的，並不會有迫於義務的感覺。這時候，我們才是『自願服務』，而不是『善盡責任』。這時候，服務他人不再是沉重的負荷，反而感覺輕鬆又有趣。

接下來還會演變成一種喜悅，施受雙方都因此而心情愉快。如今，我甚至想都不想服務他人的事情，但我感覺自己自然而然就在服務他人了。不需多想，只要做自己就好。

「我們剛剛談到了無條件的愛，事實上，這種『眞正的服務』是無條件的愛自然而然的結果。一旦領略到無條件被愛的感受，我們就更能無條件地愛自己和別人。而且，我們隨時隨地都想盡可能分享那份遼闊無邊之愛的感受。」

「說得好極了！」訪談來到尾聲，蕾亞娜說：「今天的節目內容太精采了，艾妮塔，非常謝謝你接受訪問。我確定很多人聽了你的分享都大有收穫。在我們結束之前，你最後還有沒有話要說？」

「我只想說，我希望每個人都少一點壓力，多一點笑容！」我補充道：「我知道這聽起來像是在說教，但我還是忍不住要說。我們往往把靈修看得太嚴肅，人生因而失去了很多樂趣。靈修的最高境界在於做自己、愛自己、愛你的人生，而要達到這種境界，最好的辦法就是過得開心、笑得開懷。你的靈魂已經修得不能再更好了，你現在的樣子就已經很完美。擁抱這個事實吧！」

蕾亞娜和我互相道謝過後，我告訴她，上她的節目超級開心。她向我道了再見，串場音樂漸漸蓋過她的聲音。這次是一首輕爵士樂曲。我聽著表示整點的嗶嗶聲，輕點電腦螢幕上的「結束通話」鍵。

我脫下耳機，心情飄飄然的，整個人都清醒過來，準備好要迎向接下來的一天了。我又想了想無條件的愛是多麼簡單的概念，我們卻把它搞得這麼複雜。說得具體一點，我們將愛視爲一種有特定對象的情感。但事實的眞相是，無條件的愛是一種存在的狀態，而且是我們與生俱來的權利。一旦能領略到這一點，我們就會明白它具有同時改善所有人際關係的力量，包括我們和自己的關係。

破除「眞愛就是毫無底線的付出」的迷思

如果「無條件地愛一個人，就是任他怎麼對你都可以」是種迷思，那麼真相是什麼？

想想這些可能的真相：

- 除非你無條件地愛自己，否則你沒辦法無條件地愛別人。一旦你真正學會愛自己，你就絕對不會允許任何人利用你或錯待你。
- 在一段關係裡，雙方對彼此若是沒有純粹的接納，這段關係對雙方都不會有好處。
- 無條件的真愛，是以對方的自我期許為期許，並讓對方保有真實的自己（即使這意味著放手），而不是期望對方變成我們想要的樣子。

- 以無條件的愛為基礎的關係是自由自在的，因為這些伴侶是自己選擇在一起，而不是被恐懼、責任或操控困住。

實作與練習：

- 注意以下的轉變：當你越能不帶批判眼光地愛自己、完全接納自己，你就越能愛你的伴侶、接納你的伴侶，而不需要對方做出改變。
- 克制想要藉由付出而獲得回報的衝動。要知道，真正的付出是不求回報，而且完全無私。
- 無論基於什麼原因，當別人對你不好或瞧不起你，要知道他們的想法和行為反映的是他們自身的問題，而不是你的問題。無論別人說什麼或他們的態度有多強硬，別人的感受或行為都不是你的責任。

問問自己這些問題：

- 這段關係對我們雙方都是一股支持的力量，還是感覺很束縛？
- 在這段關係裡，我是否覺得付出總是多於回報，使得我都快被榨乾了？若是如此，是什麼迫使我繼續處於這種「過度付出又不肯離去」的失衡狀態中？
- 我是否覺得愛是與生俱來的權利？還是我覺得要有所付出才能換來愛、接納與支持，而我常因付出卻得不到回報覺得失望，甚或怨恨？要怎麼做，我才會覺得不必先付出到一定的程度，我就值得他人的愛與支持？
- 是否一切都由我的伴侶作主，我總是受到控制與操縱？我可曾錯把操控當成真愛？我是否覺得自己值得擁有平起平坐、互相尊重的關係？
- 我是否期待我愛的人符合我心目中預設的樣子，而不願接受對方本來的模樣？這樣的期待對我們的關係有什麼限制？這樣的期待是否也阻礙了我自身的成長？

我知道這就是無條件的真愛，當……

- 別人對他們自己有了新的發現、或在精神上有了成長時，我真心為他們高興。我不害怕或擔心這種情況會對我造成什麼影響。
- 我和伴侶的關係允許我們雙方做自己，我們完全支持對方做讓自己開心的事。
- 有時候，我付出得比較多；有時候，我得到的比較多，而我接受這個事實。但整體而言，我的關係在付出與回報之間達到健康的平衡。

迷思 4

別人有毛病，我也一定有問題

拒絕接收他人投射到我們身上的恐懼

一天，我到香港的中心商業區辦事，剛巧碰到一位前同事。以前我們有很多時間相處在一起，後來的人生就各自朝不同方向發展，所以我好一陣子沒見到維多莉亞了。我們愉快地聊著彼此的近況，很高興我們又碰面了。

「你要去哪裡？」我懷著希望問道。如果我們要去的方向一致，就可以繼續聊下去了。

「我要去找甄太。」她回應道：「你何不一起來？」

甄太是維多莉亞的中醫師，多年來無論她出了什麼毛病（往往沒什麼特定的問題），都去看她。以前我也給她看過，雖然很久沒去了。

「唔……不用了，謝謝。」我告訴她：「這陣子我覺得好極了。」說這話時，我不禁笑容滿面。這段時間以來，我確實覺得好極了，甚至比我生病之前還好。事實上，我從來不曾覺得自己的身體這麼健康過。

「你知道，整天飛來飛去對你的身體不好。」維多莉亞關心地說：「那麼多的公開演講一定讓你累壞了！你有沒有做些什麼來補補身子？去見甄太加強一下，對你可能有好處。」我知道維多莉亞是一番好意，我也知道甄太醫術高明，但我眞的不認爲自己現在需要看醫生，無論是哪一種醫生。

我婉拒道：「我已經有在吃中藥調養了，所以眞的不用。」在分開之前，我謝謝維多莉亞的關心，給她一個溫暖的擁抱，並保證和她保持聯絡。

我現在不用跟維多莉亞跑去看什麼治療師，也對自己的狀況心知肚明。就像我朋友一樣，我大半輩子都相信自己有一些根本上的問題需要解決。我自認需要不懈的努力和各種專家的介入，以求改善身心健康。我從沒想過這樣正好適得其反。事實上，就是這種自以爲需要「解決」或「改善」的信念，導致了各式各樣的問題，包括引發恐懼、不安和脆弱的感受。坦白說，我很確定是這些感受促成我罹患癌症的結果。要到瀕臨死亡再返回人世之後，我才明白，我們其實生來就具備了一切所需的資源。從死亡邊緣回來之後，有很長一段時間我都覺得自己百毒不侵。

然而，從維多莉亞這件事後續的發展，我見識到這種百毒不侵的感受多麼容易動搖，導致我又回到自以為需要整治的舊有思維模式中。對許多人而言，如果同儕團體或周遭文化也抱持一樣的信念，這些信念就格外腐蝕人心——發生在我身上的正是這種狀況。

一切要追溯到幾年前，癌症康復不久後，我開始會去維多莉亞家串門子。每當走進維多莉亞家裡，我總會聞到從廚房飄來的草藥味，因為廚房裡正在熬藥。甄太源源不絕地供應補藥、中藥、藥草茶等東西給維多莉亞。我記得自己看這些草藥看得入迷，很想親自跟維多莉亞去見見甄太本人，沒什麼特別的原因，多半只因好奇。

雖然覺得我的癌症已經完全好了，整體來說也很健康，但我有一段時間壓力很大，因為丹尼和我剛搬新家，我們的工作也有很大的變動。這是在我動手寫第一本書之前的事，那時我對自己接下來的人生毫無頭緒。一天，我在附近的超市碰到維多莉亞，我看起來一定特別累。她問我過得怎麼樣。

「很好啊！」我回應道：「只是剛搬家有點累，更累的是我們工作上有一個新的大計畫。」

「你看起來的確累壞了。」維多莉亞說：「你是最應該知道壓力對身體不好的人了。你有沒有做些什麼來調養一下？我是說，你有沒有在吃補或看治療師，諸如此類的？」

「沒欸，我就是盡量多休息而已。」我答道：「我需要的只是睡點覺，睡飽應該就好了。」

「你眞的要好好照顧自己。」她斷然說道：「否則說不定你的癌症會復發。像你這樣生過重病的人，眞的要更注意才行！」

「嗯，我倒是相信，像我這麼快就康復的癌症患者知道人體有多強韌！」我回以一個淘氣的笑容。

「別這麼得意！」維多莉亞駁斥道：「世事難料。下一次你搞不好就沒那麼幸運了。」

這是維多莉亞一貫的作風，有什麼說什麼，坦率得不留餘地。當下我沒有察覺，但現在回顧起來，我看得出她只是把自身的恐懼投射到我身上罷了。

「依我看，有了工作上的這個新計畫，你恐怕要睡得更少了。」她繼續說：「你這是蠟燭兩頭燒，我認爲你需要找個辦法補一補。我固定會去看一位治療師，因爲我的工作壓力眞的很大。她超神的！要是沒有她，我可活不了！」

維多莉亞說這話的時候，我說不上來哪裡感覺不對勁，但後來我明白過來了。雖然維多莉亞自認定期去找甄太舒緩工作壓力是在照顧她的健康，但在我看來這種做法似乎本末倒置了。

如果我眞的愛惜自己，就不會老是接下壓力很大的工作，導致我要想方設法來舒壓。無論如何，我不會讓這種模式成爲常態。我偶爾難免會把自己逼得很緊，但在這種時候我會尋求支援，或許是去拜訪像甄太這樣的治療師，或許是去按摩或做spa，幫助我的身體放鬆，但我不會讓它成爲一種生活方式。我慣於觀照自己的情緒，愼選讓我心情愉快的工作——能反映出我這個人的工作，做起來樂在其中而不像是在工作的工作。如此一來，我就不需要持續努力舒壓了。

「甄太用的是純天然的方式，包括增進活力的藥草和其他自然療法。」維多莉亞還想說服我，她繼續說：「下次我去看她的時候，何不帶你一起去？」

「呃……我不曉得欸。」我答覆道：「我現在只想好好在新家安頓下來，而且甄太的中醫館有點遠，我實在不想在已經爆滿的行程上多加東西了。」

不知不覺開始懷疑

維多莉亞駁斥道：「喔，我覺得你花這個時間完全值得。畢竟，你得先把自己照顧好啊！」她說得頭頭是道，還故意用我的主張反擊我。「而且甄太真的很神，你知道有多少人去給她看嗎？她的中醫館外面可是大排長龍！還記得黛爾德瑞嗎？很多年前我們在商界女性俱樂部認識的？她三天兩頭去看甄太。一開始是她的健康出了狀況，甄太幫她解決了，黛爾德瑞說甄太救了她一命，現在黛爾德瑞定期去看她，幾年來從不間斷。艾妮塔，以你的遭遇來講，你真的不該再虧待自己了。你也想用盡一切辦法保持健康，對吧？」

我心想，維多莉亞說的不無幾分道理。我知道甄太確實醫術一流，而我也無疑想要保持健康。反正就去一次，聽聽甄太怎麼說，也不會有什麼損失。或許她可以開一帖補藥給我，幫我補充一下萎靡不振的元氣。何樂而不爲呢？

「嗯，好吧！」我爽朗地說：「我想你是對的。我知道甄太在很多方面都很內行，而且跟你去應該很有趣，至少去個一次囉！」

但在內心深處，我還是覺得哪裡不對勁。我的話聽起來有點空洞，畢竟我一點也不擔心那陣子暫時的壓力。我很確定等搬家的事情忙完，我就沒事了。我很滿意自己人生的發展。我從瀕死經驗學到不要接受任何感覺不對或不有趣的東西，而我沒有謹守這種自我約定。那陣子我之所以壓力很大，是因爲我沒有時間到大自然裡進行我的例行散步，或是到海邊玩一玩、散散心。所以，一旦在新家安頓好，我當然就沒事了，尤其是我的新家靠海邊更近！我超期待的！

「不會只有一次，一次哪夠啊！」維多莉亞有點嚴厲地說：「你要持之以恆，這是長保健康唯一的辦法。畢竟，你不會越變越年輕。要是你不現在就開始保養，身體只會每況愈下！」

「我不認爲眼下我能持之以恆地投入一個養生法。」我對維多莉亞的斥責有點畏懼地說：「我已經有這麼多事要忙了。」

「你要把健康排在工作前面啊！你是最應該明白這種道理的人了！」

這次也一樣，儘管我沒有在當下察覺，但事後回想起來，我看得出維多莉亞是把自己的恐懼投射在我身上。如果她是我，她就需要用這種辦法來照顧她的健康。但對我而言，在我的生活中加進一套諸如此類必須奉行不悖的養生法，只會爲我帶來壓力而已。儘管如此，維多莉亞的疾言厲色達到效果了。「要是不竭盡所能常保健康，癌症就會復發」的想法提升了我的焦慮，讓我沒辦法看清狀況。隨著對話的進行，我感覺到自己漸漸把持不住，受到她的左右了。

「事實上，我最近常常想起你。」維多莉亞接著又說：「我在想你的狀況維持得怎麼樣，是不是順利回到生活的常軌了。我是說，住在像香港這樣步調很快的城市，壓力是很大的，而你可是癌症末期啊！」

「唔，事實上，我眞的很熱愛我的工作，但我也把很多時間用在其他有趣的事情上，因爲對我來講，享受人生太重要了！」我回應道：「工作偶爾壓力很大，或者讓人招架不住，但我通常都滿得心應手的。」

「小心不要太累了，別又回到那種想幫助每一個人的循環裡。」維多莉亞告誡道：「我很不喜歡一直重複這句話，但看在你的遭遇上，你是最需要注重健康的人了。」

信念因恐懼而動搖

「維多莉亞可能是對的」這種想法一直在我腦海盤繞。或許我看起來比自以爲的更累、更疲憊，或許我的身體潛藏著什麼問題，或許得過癌症讓我變得更不堪一擊了。維多莉亞看起來是那麼眞誠地關心我的健康，這就是爲什麼我在當下沒有察覺到那是她的恐懼，而我開始把她的焦慮當成自己的焦慮了。

我的自信開始動搖。我不再堅信自己有能力知道什麼對我而言才是對的。而且，現在我聽到腦海裡的悄悄話說：「萬一她是對的呢？我確實耗費不少心力，工作啦、見人啦、對人有求必應啦、陪在需要我的人身邊啦……。我熱愛我所做的一切，但如果我累壞自己，累垮我的免疫系統，那就糟了！我一定要小心，免得癌症回來找我。我可不想再來一次！或許我有必要見見這位治療師。如果我真的在乎我的健康，就應該竭盡所能養好身體。至少甄太遵循的是自然療法，去見她想必有益而無害。」

隱隱約約的恐懼慢慢滲透我的心，現在已經揮之不去了。我開始感覺自己失去了那份不可撼動的力量，本來我自認很清楚什麼才是真的對我好，不需要借助外力，我的身體自然就有能力和我溝通它的需求。現在我突然覺得筋疲力竭、壓力很大。怪只怪我益發嚴重的焦慮，讓我忘了我要做的就只是傾聽自己的身體，如同我從瀕死經驗學到的一樣，也如同癌症康復後，我過去這幾年謹守的做法一般。

我要做的就是持續觀照自己的需求，而不是聽信別人給我的指示。畢竟，我的末期癌症之所以能痊癒，就是憑著這種內在的自我認知、我的這個內在指南針。但那天和維多莉亞的一席談話，我想的盡是：或許她是對的；或許我該聽她的。

那一整個下午，我穿梭在香港市中心擁擠的街道，忙著辦我的許多雜事，那股潛在的恐懼還是陰魂不散。我試著轉移注意力，想把它拋諸腦後。我細細逛著傳統市場，停在各個攤販前，欣賞五花八門、五顏六色的糖果、玩具、香料、肉品、包包和衣服。我置身於一個名副其實的萬花筒中，不只有顏色，還有各種聲音、材質與氣味。

但我沒辦法渾然忘我地投入其中，我的腦海總有一道恐懼的聲音對著我喋喋不休、竊竊私語。我發覺我的注意力不斷回到維多莉亞身上，無論我怎麼努力把她的話揮開都沒用。

接下來那個星期，沉重的感覺未曾稍微緩解，我不禁拿出手機打給維多莉亞。好像不管我去到哪裡、做些什麼，那份恐懼都跟著我，就連我想玩個痛快的時候也不例外。我告訴維多莉亞，下次看她什麼時候去見甄太，我也要跟。維多莉亞說她剛好第二天就要去，於是我們約好見面。

第二天早上，搭船到香港本島之前，我們在渡輪碼頭會合。下船之後，我們爬上樓梯，穿過跨越六線道濱海大道的天橋。從天橋上可以俯瞰整個港灣，極目遠眺我所居住的大嶼山。海灣上往來穿梭的船隻，就像池塘裡游來游去的水生昆蟲。

我們從天橋另一側下來，鑽進一條小路，空氣中瀰漫著熟悉的咖哩烤魚串味。我們彎過轉角的時候，我差點就撞上烤魚串的攤車。他的攤車裝了一大鍋沸騰的咖哩，魚丸在裡頭載浮載沉。有經過的顧客要買，他就撈起來串成一串。我很想吃上一串，但維多莉亞似乎很急，於是我暗自決定回程路上再買，趕緊跟上她的腳步。

我們越過另一條馬路，穿過一座生鮮菜市場，找到一個電車站。匆忙趕路讓我有點喘不過氣，於是我在凳子上坐下休息。我們等了不到三分鐘，電車就來了。我們跳上車，走到前排，找到兩張並肩而坐的座位。

中醫師的診斷

甄太的中醫館位在香港的舊城區，距離高樓大廈林立的中心商業區頗有一段距離，所以我們知道這趟車程要很久。我們坐在硬邦邦的木頭座椅上，一會兒聊聊天，一會兒看看窗外。電車穿過狹窄的街道，經過各種風格的建築、寫著粵語的彩色招牌、摩肩擦踵迎向人生挑戰的洶湧人潮。我很愛搭電車。搭電車讓我想起童年時光。我喜歡電車開得很慢又停很多站，而且我對見甄太開始有點忐忑了，她會對我說些什麼。我試著藉由電車窗外的景色和聲響轉移注意力，專注在讓我的思緒更正面的景物上。

我看著一群孩子在街上踢足球，他們的球是用繩子把破布牢牢綁住做出來的。他們一邊閃避汽車、行人和腳踏車，一邊把球踢來踢去傳給其他孩子。我讚賞著他們靈巧的動作，但就連這些年輕的未來比利❶也緩和不了我的焦慮。

終於下了電車之後，維多莉亞帶我來到一棟老舊低矮、裝有拱窗的建築。甄太的中醫館在三樓，由於沒有電梯，我們得爬上陰暗又狹窄的樓梯。樓梯被我們的重量壓得吱嘎響，還被我們踩得搖搖晃晃。熬藥的氣味很快就撲鼻而來，帶領我們沿著一條長長的走道走去，接著穿過一扇拱形大木門。牆上擺滿一排又一排的瓶罐，各式各樣想像得到的藥材看得我目眩神迷，有鹿角、海馬、蒲公英茶，以及很多其他東西。

我們坐在其中一張排得很整齊的木頭長凳上，大家都在那裡等著進去見甄太。我有點不安，不確定自己怎麼會跑來這裡。我研究著牆上的瓶瓶罐罐，想著這些瓶罐裡究竟藏有什麼魔法。

「這些人來自香港各個角落，全都等著見甄太。」維多莉亞悄聲說道。我看得出來甄太不缺病人，即使她不接受預約，這裡只能現場掛號。終於輪到我們的時候，一位表情慈祥和藹的嬌小婦人從木門後探出頭來，用廣東話請我們進去。

我們進到甄太的診間，我注意到她灰白的頭髮在腦後綁成一個髻。她穿著寬鬆舒適的絲質衣服。一見到她，我就立刻喜歡上她，也覺得放鬆許多。她對我微微一

譯註：

❶此指暱稱 Pelé 的巴西職業球員 Edison Arantes do Nascimento。

笑，問我會不會說廣東話。當我用她的母語回話時，她笑得更開了，眼裡閃閃發亮。

維多莉亞開始告訴甄太我的癌症病史，並說明我最近因爲工作和搬家而壓力很大。維多莉亞一邊說，我一邊看到甄太臉上流露出混雜著驚恐與同情的表情。我寧可維多莉亞不要提這一切。我希望甄太能不帶任何先入爲主的成見來看待我。

甄太要我把舌頭伸出來，並仔細查看了一番。接著她檢查我的眼睛、看看我的雙手、摸摸我的手掌，又幫我把了脈。她要我躺在一張診療床上，以手指按壓了我身上幾個不同的穴位，臉上還是一副憂心忡忡的表情。她從床邊的櫥櫃拿了一個布袋下來，從布袋裡拿出一個黑色、喇叭狀、有個圓形表面的工具。她把圓形的那一面對著我的胸口壓下去，感覺就像是要把我肺裡的空氣全部擠壓出來似的。她要我翻過身，接著又用她的工具從我背上壓下去。

「我要疏通鬱閉的肺氣，讓你的氣血循環起來。」她解釋道。東摸西弄過一陣後，她一臉和善地看著我，眞誠地說：「你一個星期要來回診三次。」

接著，她開了一堆中藥材給我，有些是要熬來喝的水煎藥，一天要喝數次。她說因爲我得過癌症，她想充分供應我身體所需的一切，免得我又生病。我完全相信她的好意，但當她說我一星期要回診三次，我就頓時覺得胃裡一沉，壓力升高。她的中醫館離我家這麼遠，而搬家和越堆越多的工作計畫已經讓我壓力很大了。

我苦惱地想：「我要怎麼擠出時間一星期來這裡三次？更別提還要每天花時間弄那些有的沒有的藥！」

我問如果我持續服藥，能否一星期來一次就好？我解釋說光是往返這裡一趟就占掉我一天大半的時間，而且無論是挑哪一天來，都沒辦法掌握排隊等候的時間。

「看你囉！」甄太答覆道：「但如果你的健康對你來講很重要，那你就需要更常來才行。事實上，你能越常來接受治療越好。」她說。

「這要持續多久？」我問。

「我建議你把這當成每週例行公事的一部分，終生持續下去對你有好處，就當是改變一下生活模式。」她模稜兩可地說，不保證有結束的一天。

琳琅滿目的草藥

「終生持續下去？真的假的？」我驚恐萬狀地想。儘管我不喜歡聽到這種話，但我知道甄太並不是故意要嚇我。她是眞心相信自己說的話，也是眞心想幫我防範癌症復發。對我來說，叫我拚盡餘生來防癌是最糟糕的建議了，但我不能期望她明白這一點。滿腦子想著癌症只會收到反效果，因爲那只會讓我陷在「恐懼癌症」的思考模式裡，也就是我當初罹癌之前的狀態。

從那之後，我就學到對我而言最健康的做法，是專注在爲我帶來喜悅的事情上，追隨我的熱情，做選擇的時候要出於愛，而非出於恐懼。然而，我卻一時忘記了這一點。我再次掉進恐懼與疾病的世界裡，越陷越深。這次看診的經歷讓我舊有的信念又冒出頭來，以爲我的身體沒有照顧好自己的能力，以爲我需要不懈的努力，以爲我需要向外界尋求專家的介入。

甄太接著在一疊紙上草草寫了一些字，然後把她寫了字的那張紙撕下來交給我，指了指隔壁房間的方向。我循著她的指示，找到坐在一個木頭大櫃台後面的年輕人。櫃台大概有一般的餐桌那麼大，年輕人在配藥。我把甄太寫滿中文的那張紙遞給他，他微微一笑，點頭致謝。

接下來，他從各種瓶罐裡抓出琳琅滿目的乾燥草藥，用手裡的磅秤秤一秤，量好分量分裝到幾個塑膠袋裡。有些藥材看起來像種子，有些像樹皮，還有一些則像果乾和茶葉。每一包是一天份的水煎藥，要先熬上四小時再喝。忙完之後，他交給我三包藥，也就是三天份的藥量。顯然，甄太預計我三天後會再回診。由於我不確定自己能不能這麼快又來一趟，所以我問他可否讓我多買幾包。他很訝異我會說廣東話，不禁笑開了臉。接下來我們聊得很愉快，雙方都笑容滿面、一團和氣。最後他給了我七包的水煎藥，外加一瓶藥丸，指示我每天服用四顆。

維多莉亞也看完診、拿了她的藥，我們各自付了醫藥費，回頭朝狹窄的樓梯走下去，出來到街上找尋最近的電車站。

維多莉亞看著那七包草藥，問我：「你怎麼拿這麼多包？」

我告訴她：「因為我不確定能不能一星期來三次，但我想確保就算不來也能繼續服藥。」

維多莉亞責備道：「我覺得你就算漏掉一次不來，都不是好事。甄太眞的很神，你沒看到有這麼多人排隊等著給她看嗎？她這麼搶手一定有道理！」

雖然還是覺得哪裡怪怪的，我嘴巴上仍說：「是，我想你是對的。」無論如何，我想給自己一次機會，因爲我也喜歡甄太，我也想從她的智慧受益。

失去對健康的掌控力

那天晚上，我熬了藥，滿屋子的藥草香從前門飄了出去。丹尼一回到家就問我在煮什麼，他還以爲我在做一道充滿異國風味的中式湯品。我給他看那一鍋熬煮中的藥草，並把我今天和維多莉亞的探險記告訴他。

接下來三天，我乖乖喝藥湯、呑藥丸。維多莉亞在第三天打電話來，問我要不要跟她一起去甄太那裡回診。我接受了她的邀約，我們又一起搭了渡輪和電車過去。再過三天之後，我又和她去了一次。到了下個星期，我們再去了第三次。甄太見到我總是親切又開心。

接下來，新的工作企劃讓我忙翻了。我沒有餘力再大費周章跑去甄太的中醫館，這件事感覺只是平添不必要的壓力而已。說來諷刺，去那裡不就是爲了舒壓，而不是徒增負荷。此外，我很期待這個新的企劃，很想一頭栽進去。所以當維多莉亞打來約下一趟時，我告訴她說我不能去。

「我覺得我的狀況很好。」我樂觀地對她說：「我只想專注在我要做的事情上，好好過我的生活，多花點時間在我的新家。」我已經開始覺得自己的生活彷彿繞著去找甄太看診打轉。我也已經開始不樂意每次花四個多小時來回一趟，更別提熬藥所花的時間，我寧可拿來聽音樂、看書、去海邊散步，或者純粹就是放鬆休息。

維多莉亞和甄太越是堅持我越常去越好，實際情況就越是背道而馳。我越常去甄太那裡，就越覺得自己錯過了其他一切我能做的事。雖然我跟維多莉亞說我很好，但我其實覺得自己比開始定期去看診之前還糟。我也相信這就是爲什麼甄太不見我有什麼起色。我的壓力沒有減輕，看診本身就讓我很累，反而使我壓力更大，結果適得其反。然而，維多莉亞和甄太的話引發了我內心的恐懼，導致我很難不去。

「不去不好吧！她真的是在幫你耶！」維多莉亞語帶警告地慫恿我道。

「但要是我根本不需要幫助呢？」我差點脫口而出這句話，但我把話吞了回去，轉而說：「可是要多久？維多莉亞，她說希望我以長期配合為前提，但我不確定我想花那麼多時間做這件事，更別提這要花很多錢！」

「艾妮塔，別人就算了，你最應該明白健康不能用金錢來衡量了啊！」維多莉亞駁斥道：「更何況，甄太非常佛心。只要她高興，她大可收費更高，但她沒有。她維持一樣的價格已經很久了。我和其他許多病人都去好多年了，大家都很信賴她，我們都覺得她是神醫！當她在為你診治的時候，她完全能感應到你的身體需要什麼。」

「沒錯，我看得出來甄太人很好，也非常佛心。但萬一你出國，不能按時去看她呢？或者你決定離開香港，去別的地方住呢？」我問。

「有時候想起來是會有點擔心啦。」維多莉亞承認道：「要是有什麼原因不能去看她，我就覺得渾身不對勁。我狀況最好的時候，就是我都按時去看她、按時把藥吃光的時候。這就是我想說的重點，她顯然對我有幫助。」

雖然還是覺得哪裡不對勁，但我不想和維多莉亞爭辯。她選擇相信甄太，我尊重她的選擇，而且我無意挑戰她的信念。我從個人經驗知道，當我們深信不疑的信念被人打破時，我們會覺得萬分恐懼，除非有新的、更強而有力的可能性取代被打破的信念。我覺得自己彷彿落入了一個「雙輸」的局面——如果不繼續去，我可能就沒盡力照顧好自己的健康和身體；但如果繼續去，我又會一直覺得挫折、有壓力，甚至怯懦地依賴甄太。

維多莉亞已經完全把自己的力量交給治療師了。光是想到要暫停治療一段時間，維多莉亞就害怕起來。她似乎認爲自己的身體不具有保持健康的智慧，而需要依靠外力持續不斷的介入。雖然當下我看不清楚，但眞相是，我也開始把自己的力量交給甄太了。

信任內在本具的指引

那天晚上，我決定花點時間一個人靜坐冥想。我需要傾聽自己的內心，看能找到什麼指引。我換上舒適的衣服，點上蠟燭，把我最愛的芳療精油加熱，放了輕柔的音樂。接著，我疊了幾塊墊子坐上去，望向外面的大海。音樂和精油迷人的香氣都讓我心蕩神馳。我專注在大海上，整個人徹底放鬆，任由思緒馳騁。

我學到如果我把視野放寬，例如專注在大海上，不要理會任何亂七八糟的雜念，一會兒過後，我就會遁入一種很深沉的狀態中，一切都變得突然清明起來。外在的雜音不復存在，我內在的智者就可以跟我溝通，而且這些訊息不會有錯。感受很強烈，類似我在瀕死時的感受，有時甚至連身體上的知覺也如出一轍。

這天晚上，我透過陽台的玻璃門望著外面約二十分鐘後，突然來到那種很清楚明晰的狀態之中。最先是從身體上的知覺開始，我的喉嚨一帶感覺刺刺的。我領會到這是我的身體要告訴我：現在的我沒有表達出眞實的我。我開始將意念集中到喉嚨，看看結果會怎樣。我專注在喉嚨上，問它有沒有什麼訊息要傳給我。幾個念頭在我腦海湧現：我不需要靠外力來左右我的健康。我不需要把我的力量交給甄太。我越是把自己的力量交出去，就越是助長自以爲有問題的信念，也就越是覺得需要依賴別人來爲我做決定。關於我自身的健康，我不需要把決定權交到別人手裡。

彷彿開啓了防洪閘門一般，這些眞相滾滾而來。我向來一聽就知道什麼是來自我內心深處的眞實想法，因爲所有的恐懼都會煙消雲散，取而代之的是喜悅與輕盈的感受，而我當下的感受正是如此。

我明白到我越是相信甄太握有全部的療癒力，我就變得越軟弱，而這種軟弱又導致我自認需要更多的幫助。我不否認我們常常需要他人的幫助，無論是正規療法的醫師、輔助療法的醫師，甚或能量治療師。畢竟在我罹患癌症時，就曾求助於這些醫生和阿育吠陀治療師，也從他們那裡接受了我迫切需要的治療和建議。不同的是，當時我是積極尋求他們的協助，因爲我覺得這麼做是對的。我不是受到旁人左右才去看他們，更何況旁人不過是把自己的恐懼投射到我身上，自以爲比我還清楚我需要什麼（即使他們的出發點是好意，動機也很單純）。那是我自己的決定，而且感覺起來是對的。

當然，我不是說甄太和其他傳統中醫師不值一顧。他們絕對值得重視！事實上，我非常尊敬傳統中醫師和他們的療法。當我們覺得受到指引去看任何一種醫生，當我們是出於自願服用藥草、營養補充錠或處方用藥，而且覺得這麼做是對的，那麼我們就是在傾聽內在的指引，並且把力量握在自己手裡。對於促進身心雙方面的健康而言，這些都是很重要的步驟。

事實上，在「好醫生」和「偉大的醫生」之間，決定性的差異就在於，後者能引導病人訴諸自身與生俱來的療癒力，最終鼓勵病人獨立。偉大的治療師知道我們都有本具的智慧，他們認爲自己的工作是要協助我們打開智慧。很多治療師希望你依賴他們，因爲這樣才能證明他們存在的必要，即使他們不是故意要這麼做。這些治療師往往沒能領略到自己其實堅不可摧，所以他們也相信我們都需要持續的介入和整治，結果他們將同樣的信念投射到病人身上。但對一個偉大的治療師而言，他的目標是要讓你自己有力量，所以他會爲你開創一個管道，讓你體認到自己自然就有療癒的能力。當然，如此一來，治療師的存在最終就會變得沒有必要。但對治療師而言，這就是偉大的代價！

同樣的道理，偉大的老師和上師也是如此。一個偉大的老師或上師知道他眞正的目標不是要贏得人氣競賽，不是要累積越來越多依賴他給答案的學生；而是要喚醒每一個學生內在的指引或智慧，從而讓他們不再需要依賴老師。擁有你所尊敬的老師、治療師和上師沒什麼不對，但當你相信自己，並能訴諸自己內在的指引系統時，對的老師、治療師或上師就會在對的時間出現，帶來你在當下需要的答案。而且，他們可能以任何一種形式出現，甚至是化身爲水電工、計程車司機或電視上的某個人。你自然就會知道，因爲你內心深處會對你聽到的東西有共鳴，也因此你聽了只覺振奮，而不會浮現不安或恐懼。

我愛維多莉亞，我也愛甄太，但這次經驗讓我學到，交出自己的力量非但適得其反，而且是有害的。我不需要把餘生都用在持續不斷的治療上。曾經，我以為對健康執著是健康的，只要我用的是自然的方法，而不是服用處方藥或成藥。但從那之後，我學到這樣只會把我困在自以為哪裡有問題的信念裡，畢竟執著於任何東西都是不健康的，即便是執著於健康本身，尤其當背後的動機是恐懼，而不是因為聽從了眞正的指引。

破除「別人有毛病，我也一定有問題」的迷思

如果「我一定有什麼毛病需要治一治」是種迷思，那麼真相是什麼？

想想這些可能的真相：

- 我們生來在各方面就已是完美的。
- 我們已經是我們試圖成為的一切了。
- 雖然我們可能一時忘記自己是誰，但我們在任何一方面都沒有壞掉。
- 人生中遭逢的挑戰並不代表我們哪裡有問題，相反的，這些挑戰

只是回歸自我之旅的一部分。

實作與練習：

- 每天找時間親近一下你的內在指引系統。
- 敞開心胸聆聽各種指引——當你把車上的收音機打開時聽到的那首歌，當你在超市排隊時聽到的談話片段，抑或你在雜誌上讀到或在電視上看到的一段訪談。
- 學著辨認在你內心深處激起共鳴的東西。如果你聽到的東西讓你為之一振，那就是你的指引系統在叫你注意了。
- 養成把挑戰視為祝福的習慣。遇到了不如意的事情，不要生氣，也不要氣餒，問問自己：「如果這是宇宙給我的一份禮物，這份禮物要教我的是什麼？」你會很驚訝這種觀點的轉變會如何打開你內在的智慧。

問問自己這些問題：

- 我是否很執著地不斷在自己身上下功夫，力圖在某方面「改進」自己？
- 我是否總覺得需要尋求外在的幫助，讓書本、老師或上師來告訴我怎麼過生活？
- 我是否相信別人有我需要的答案，因而把自己的力量交到別人手中？
- 當我聽到宇宙要給我的指引，以及當我聽到不是真的對我好的意見時，我能否加以判斷？
- 我是否太苛責自己？

我知道自己是在聽從內在的指引系統，當……

- 我由衷明白，人生中的挑戰不代表我個人的失敗，而是人生旅途上很重要的一部分。

- 我看得出來同樣的挑戰其實是禮物。
- 我不再執拗地覺得需要掌控所有事情及其結果。
- 我容許自己成為一個管道，讓人生藉由我展現它的樣貌。我完全認同人生不是發生在我身上，而是透過我展現出來。

迷思 5

我們的健康
全是醫生的責任

一通陌生的來電

飛到歐洲和北美各地巡迴演說了一輪過後，我重返香港。我很高興終於能回家了，就算只有幾天也好。我在街坊上的立昌商行閒逛，考慮著要買加拉蘋果還是玫瑰蘋果。「嗯……」我在想，「我要加拉還是玫瑰？玫瑰還是加拉？」

手機鈴聲打斷了我的思緒。我覺得玫瑰蘋果的名字比較好聽，便丟了一袋到購物車裡，然後伸手到包包裡拿手機。螢幕上沒有顯示來電名稱，表示這個人不在我的通訊錄上，我也不認得這個號碼。

「喂？」我有點猶豫地對著手機說道。

「喂？是艾妮塔嗎？」一個陌生的聲音問道。

「是，我是艾妮塔。請問您是哪位？」

「我不知道你還記不記得我。我叫維拉。去年在一所大學的研討會上，我們見過一次面。」

「嗯……」我一邊沉吟，一邊絞盡腦汁努力回想，但我想不起來她是哪一位。

「沒關係，你不記得我了，我了解。」她感覺到我的爲難，主動接口道：「這些日子以來，你一定見了很多人。我眞心希望你不會覺得我這樣突然打來很冒昧。我實在是急著想找你聊聊。你現在忙嗎？方便說話嗎？」

「沒關係，我只是在採買一些東西，沒什麼大事要忙。」我很好奇她是怎麼取得我的手機號碼，又是爲了什麼打來。

維拉像是看穿我的心思般說道：「在研討會上，我們共同的朋友席拉．藍道爾介紹我們認識，是她給了我你的號碼，並建議我打給你看看。」

「喔，有了，我想起來了！有什麼事嗎？」我問。席拉是我上瑜伽課時認識的朋友，我頓時記起前一年，我去一所大學的研討會演講，她介紹我認識一位歐亞混血女性，人很和氣又好相處。

一位女兒的懇求

「這個嘛，是家母。」維拉現在聲音顫抖地說：「她得了乳癌！上星期才發現的，已經第三期了。確診之後，她就怕得不得了，像是醫生已經判了她死刑似的。後來有人推薦她讀你的書，她馬上拜讀，你的書給了她好多希望。當她發現你住在香港之後，就很想見見你，跟你聊一聊。所以，我跟席拉聯絡了一下，她也贊成我打給你。」

「喔，令堂的事，我很遺憾。」我回應道：「我眞的感同身受，不只對她，還有對你。你們的心路歷程，我再清楚不過！」我發自內心對維拉的痛苦感同身受，也很感動自己的書對她母親有幫助。「我完全了解得知自己是癌症第三期有多麼嚇人。」

「這就是爲什麼我打來給你。」維拉如釋重負地嘆了口氣，說道：「讀了你的故事，家母覺得你在說的就是她，她跟過去的你一模一樣，總是討好別人，付出又付出，直到再也無能爲力，但卻從來不照顧自己！」

這一切聽起來是那麼熟悉，我的嘴角不禁微微上揚，那確實就是我的故事。

「令堂現在在哪裡？」我問得戰戰兢兢，因爲雖然我很想幫忙，但我也希望維拉的母親明白她本身就已經擁有療癒的力量，無論那份療癒力是以什麼形式呈現。我不希望她認爲她需要我才能復原。我之所以分享自己的領悟，不是爲了讓大家相信我，而是要讓大家相信自己。

此外，我的行程滿檔。我已經開始接到很多陌生人的請求，他們生了重病，希望我能去探病，幫助他們一起度過難關。這眞的讓我很爲難，因爲我是由衷想幫助每一個人，但想當然這在技術上是不可能的。如果辦得到，我就會把每一個人都攬進懷裡，給他們一個大大的擁抱，請他們要愛自己、完全接納眞實的自己，無論他們此刻面臨什麼樣的難關！

「她在司徒拔道的港安醫院。」維拉答道：「你越快去見她越好，因爲她很害怕那些醫療的選項，各種七嘴八舌的意見讓她不知如何是好。」到了這時，維拉已是邊哭邊說。

我告訴維拉：「明天下午我會騰出時間去看她。」雖然三天後我又要離開香港，而且都還沒時間爲此行做準備，但我覺得非見維拉和她母親不可。不管多忙，我就是不能置之不理，任由她自己苦惱。我就是覺得這樣做不對。我切身感受到維拉的恐懼，冷入骨髓一般，讓我不禁爲之顫抖。

與疾病溝通，而非受制於它的威脅

親身經歷過癌症之後，我對健康和我們看待健康的方式，有了截然不同的見解。我很失望我們的醫療照護體系著重在找出疾病，而不是著重在過得健康。我們似乎一心一意只求提高對癌症的警覺，宣導廣告連番轟炸，呼籲大眾及早發現及早治療，但這只是鼓勵我們專注在疾病上。我們也不斷被呼籲要捐款支持「抗癌之戰」，乃至於其他對抗心臟病、糖尿病等各種疾病的「戰爭」。

如果我們探討健康像探討癌症一樣多，如果我們投入到健康意識的金錢和防癌意識一樣多，獲得的結果可能大不相同。這就是爲什麼我愛談健康、愛與喜悅，而不喜歡把注意力放在癌症上。關於要付出什麼努力來保持健康、健康是什麼樣子、健康的感覺又是什麼，我很樂意看到大家有更多的對話。就連那些爲癌症所苦的人，也會受益於這樣的對話。

有一點我想要講清楚、說明白：我們的身體不是戰場；我們務必要停止將身體視爲戰場。沒有什麼戰爭要拚個勝負，也沒有什麼敵人要消滅，罹患癌症或任何疾病可能是詛咒，也可能是禮物，端看我們怎麼想。這些疾病不是需要除掉的惡魔，不是前世罪孽的報應，也不是負面思考的結果。

與其抱持那些想法，還不如說疾病是身體和我們溝通的一種方式，身體藉此指引我們走一條更好的路。的確，我們可能死於癌症，或者死於無數其他的原因，而且人生自古誰無死，只是遲早而已。但死亡不是敵人，我們看待疾病的方式往往才是敵人，包括一些過分簡化的論調，例如我們之所以生病或死亡，都是因爲我們不夠努力或努力得不夠久，我們不夠勇敢，我們沒有堅強的求生意志，或我們的思考不夠正面，我們對未來的想法不夠樂觀。這些論調不只導致恐懼，而且根本就是錯的！這些論調也貶低了面臨健康挑戰的人，在他們最脆弱的時候，對他們和他們所愛的人造成莫大的壓力。

這種充滿批判的不公平論調，與當事人所需的愛、支持和理解恰恰相反。想像一下，若能改變我們的焦點，將癌症和其他疾病視爲提醒我們轉換生命跑道的一記警鐘，結果將有多大的幫助？若不把億萬經費投入在抗癌之戰，而是把一樣的金錢、精神與注意力投入在推廣身、心、靈各方面的健康意識，結果會怎麼樣？想想這會是多麼不同的局面，又會爲我們帶來多麼不同的結果！

錯誤的健康意識

依現況而言，我們的健康照護體系對疾病的投入遠大於健康，這或許是因爲疾病比健康有賺頭吧！有些人會說我未免有點憤世嫉俗了，但想想《富比士》的報導，二〇一四年，美國投入在醫生、醫院、醫藥和醫療上的金額約爲三兆八千萬美元。相較於這麼龐大的支出，我們花在教育民眾如何活得長壽、快樂、健康的經費卻只是九牛一毛。

賓州大學資訊工程學系教授賴爾・盎格爾博士（Lyle Ungar, Ph.D.）針對人類壽命做了廣泛的研究，並協助發明了一套壽命計算系統。根據他的計算，只要不抽菸、不酒駕、繫好安全帶、多運動，並且多加經營有意義的人際關係，我們都能活得更長久、更健康。就這樣，只要遵循這些簡單的原則，我們每年就可省下高額經費並保住無數性命。

多數人並不眞的清楚何謂健康。他們不知道身體的健康跟心靈、情緒、精神的健康大有關係。一切全都綁在一起，身體上的疾病不是憑空冒出來的。我們的抵抗力之所以低落、導致我們容易生病，是有原因的。除非醫護專業人員把焦點從疾病轉移到健康上，除非研究人員更深入探討疾病跟情緒及生活型態的關係，否則我們是沒辦法單從醫療研究找到解藥的。

對維拉的母親而言，不幸的是她已經進入疾病的體系。是時候採取不同的應對之道了。

與罹患乳癌的唐娜見面

和維拉聊過的第二天，我敲了她母親的病房門。兩天前她剛做過切片檢查，但醫生還有更多檢查要做。

「請進。」我聽到維拉喚道，於是我緩緩打開門，走進病房裡。維拉和她母親看到我都很開心，一副如釋重負的模樣。

「眞的很謝謝你來！我知道你有多忙！」維拉邊說邊從她的座位上起身，到房間另一頭挪了張椅子過來，讓我坐在她旁邊。

「沒事的，我很高興過來陪陪你們。」我回應道。

「見見家母唐娜吧。」維拉說著，將手輕輕按在她母親的手臂上。唐娜露出笑容，雖然她長相甜美，但手臂插著點滴管躺在那裡的她，面色蒼白，沒有一點血色。她看起來很年輕，不像有個維拉這年紀的女兒。我猜她一定是很早就生了維拉。

我坐了下來，面帶笑容說道：「嗨，唐娜。」

「我好高興你來看我。」唐娜回應道：「維拉說你會來探病的時候，我興奮得不得了。我才剛讀完你的書，眞的很有幫助。」

「你現在感覺怎麼樣？」我問。

「又害怕又混亂！」她答道：「一開始，我覺得醫院很可怕，這裡每個人都好嚴肅，讓我感覺更不舒服了。」

「我完全懂你的意思。」我說著，看了看慘白的牆壁、硬梆梆的金屬塑膠椅，以及整體冷冰冰的醫院氣息。「你會覺得他們怎麼不把牆壁漆成亮麗的色彩，掛幾幅賞心悅目的圖畫，毛絨絨的小狗啦、花啦、彩虹啦都好，然後穿上五顏六色的衣服，讓病人心情好一點，對吧？」

我甚至還沒提到堪稱時尚災難的病人服呢！這世上沒有比病人服更沉悶的服裝了！改變一下這些服裝想必沒那麼難吧，即使只是增添一點小小的花樣，讓病患的住院經歷稍微愉快些。無怪乎當我在與癌症對抗的時候，我就是很討厭住院。無論感覺有多不舒服，每次治療過後，我都堅持一定要回家，只因待在醫院的感覺讓人更加難受。

矛盾又混亂的醫療資訊

「醫生大致說了幾種選擇，我怕得不得了。」唐娜繼續說：「腫瘤科醫師說化療是我唯一的機會，我不做化療就是瘋了，但我很害怕那些恐怖的副作用啊！我一直在看的自然療法治療師又堅稱化療會毒害人體，而我眞的很信任他。

「雪上加霜的是，我的親朋好友對於我該怎麼做都有不同的意見。有些不認同我的醫生，他們從網路上印了另類療法的資料給我。有些又警告我要謹遵醫囑，不要去管別人怎麼說。還有一些人跟我保證上帝會醫治我，只要我的信仰夠堅定。這些互相衝突的意見聽得我很無力，我都應付不過來了。別誤會，這些人都很愛我，也都是出於好意。但現在我覺得不管怎麼做，都有可能是錯誤的選擇。」

我從唐娜煩躁的語調和苦惱的表情看得出來，她眞的覺得很無力，不敢朝任何一個方向踏出去一步，就彷彿四周布滿地雷，而她沒有地圖可以參考，或者還更糟糕——她有好幾張互相矛盾的地圖！

唐娜說話的時候，我也有種似曾相識的感覺。我自己在癌症發作時，面臨過同樣的問題。我也被各種資料和意見轟炸過，而這些訊息非但沒有讓我更清楚，還讓我覺得惶恐不安、無法招架，因爲有好多訊息互相矛盾。我越是研究，找到的資訊就越衝突。

「艾妮塔，如果是你身處在這種處境下，你會做什麼選擇？」唐娜問道。

「我很猶豫要不要給你確切的建議，唐娜，因爲你要有你自己的選擇，你要認同自己有能力走出一條屬於你的路。我不希望你把這種力量交給我。」我說：「此外，我如果給你我的建議，那我只是在爲你已經很混亂的狀態添亂而已。如果能讓你覺得自己就有能力，那會好得多。現在的重點在於你，而不在於別人。不過，我很樂意引導你向內觀照，看看你對這些選項的感覺，如此一來，你就能開始爲自己做決定。」

「那就太好了，感激不盡！」她看起來比我剛到的時候有希望多了。

沉澱，讓內在的聲音說話

「我知道內在的指引系統無時無刻不在指引著我。我相信所有人都有這樣一套系統，這套系統也一直在試圖和我們溝通。」我說明道：「但當各種互相衝突的資訊超過負荷，我們的思緒一團混亂，內在的指引系統就很難和我們溝通。在當今這個資訊爆炸的時代，這種超過負荷的情況常常發生。一旦發生這種情況，我就會來個『資訊閉關』。」

「那是什麼？」唐娜興味盎然地問道。

「就像進行斷食的人連續二十四至四十八小時不吃東西一樣，資訊閉關就是至少一、兩天停止接受外界的任何訊息，如有可能就再更久一點。」我回道：「當我不再讓資訊塞爆我的腦袋，我就可以開始聽到內在指引系統跟我說話的聲音。」

「多跟我說一點這個指引系統的事。它的聲音從何而來？」唐娜問道。

「我感覺它從四面八方憑空而來。」我答道：「我從瀕死經驗中學到，我的存在超乎肉身。在瀕死狀態中，我沒有極限，我和宇宙間的所有人事物一體相連，沒有隔閡。現在回到有形的世界之後，閉關有助我記起自己還是和他人一體相連，包括已經過世的故人，例如我父親和我最好的朋友索妮。我感覺到來自於他們的指引，而且我知道在這世上還有其他人無條件地愛我、看顧我、幫助我，這一層認知爲我帶來極大的安慰與平靜。

「我所謂的『沒有隔閡』、『一體相連』也包括和來自其他時空的人，因爲我在另一個世界學到沒有『時間』這回事。這意味著給你的指引可能來自過世的親人，也可能來自其他先人，像是耶穌、佛陀、濕婆、觀音或任何你覺得和你有特殊關聯的存在體，甚至是某個尚未從我們的線性觀點誕生的人。

「你的指導者是誰其實無關緊要，因爲他們和我們全都是一體相連的。無論是哪一種形式，他們以我們覺得最自在的方式，顯現在我們的心目中。我知道這聽起來可能很玄，但每當我貼近自己的內心，記得不要把我的力量讓給外在的雜音時，我就會覺得內在有一盞明燈。」

「年輕一點的時候，我也覺得內在有一盞明燈。」唐娜興奮地說：「但這些年來，我已經失去了那種感覺！」

「多數人都是這樣的。」我告訴她：「我認爲我們生來就有爲自己指引方向的能力，但後來活著活著就迷失了，我們開始去聽周遭各種互相衝突的聲音。不知怎麼的，人生似乎奪走了我們自己的能力。」

談話當中，維拉多半保持沉默，但我看得出來她聚精會神地把每一個字都聽進去了。我眞的很想藉此幫她爲她母親提供精神支柱。她們的母女關係是那麼美好。在我罹癌時，丹尼和我的家人始終陪在我身邊。像這樣的精神支柱是很重要的，我很高興唐娜有女兒可以依靠。

唐娜說：「所以，此時此刻，採取資訊閉關對我有好處。如此一來，我就能沉澱思緒，讓內在的指引系統開始和我直接溝通。這就是你的建議嗎？」

我說：「沒錯，換作是我就會這麼做！」現在換我激動起來了。「基本上，當我覺得很混亂，資訊多到無法招架，我就不會再尋求更多的資訊。我會讓既有的資訊沉澱一下。當然，已經得知的資訊沒辦法抹除，所以我只是讓自己放空，不要特別專注在任何一則訊息上。」

選擇當下快樂地活著

我繼續說：「接著，我告訴自己，現在怎麼做對我的身體、靈魂和人生有幫助，我就專心去做就對了。專心去做讓我感到快樂的事，而不要專注在癌症上，我就能將恐懼轉爲平靜與踏實，不再滿腦子想著：喔，天啊，我得了癌症，有什麼辦法可以擺脫它呢？

「如果我發現自己又掉進恐懼的深淵，冒出像是『萬一做錯選擇怎麼辦』之類的念頭，我就會設法把恐懼趕走。因爲若不如此，我只會在每次浮現恐懼時很害怕，並且批判自己的恐懼。所以，我會把恐懼丟到一邊，同時溫和地扭轉自己的念頭，告訴自己：好了，艾妮塔，是時候重拾快樂了，是時候花點時間在自己身上，愛自己，溫柔地善待自己，做些好玩有趣的事情，好好照顧自己。」

「我得做筆記才行。」唐娜突然說：「維拉，可以請你從我的包包裡拿筆和記事本過來嗎？」維拉在唐娜的包包裡翻來翻去，把筆和記事本遞給她母親。

「我也會問自己：我要怎麼更愛自己？我要怎麼給自己更大的支持？如果我眞的很愛自己，此刻的我會做些什麼？我每天又能做些什麼，來向自己表示我有多愛自己、有多支持自己？」我繼續說：「接著，我會把我想到的答案寫下來，並且每天切實執行。我還會問自己：如果今天我發現自己完全康復、徹底擺脫癌症了，那麼我要做什麼來慶祝我的健康？接下來，我就會眞的走出門去做那些事！我認爲每一天都盡情擁抱人生是很重要的，而我們有時要生病了才懂得擁抱人生！」

我再補充道：「我也學到以愛爲出發點、而不以恐懼爲出發點的重要，意思是，我所做的選擇都是出於愛自己、珍惜自己的人生、想要重拾健康快樂，而不是因爲我害怕若不如此的後果。這種思考模式不只能給自己更大的力量，而且也更有可能得到正面的結果。」

讓病患倍感畏懼的「暗示」

「艾妮塔，你說的我都懂，也完全同意。」唐娜放下她的筆，喝了口水，說道：「從你口中聽到這些話，我感覺好多了。但你知道難在哪裡嗎？難就難在應付那些醫生，因爲他們老讓我處在恐懼的狀態。他們覺得不能不實際一點。他們想告訴我一些數據，然後根據數據推斷我的預後狀況。我但願他們能明白我不想知道最壞的狀況啊！我不要把自己當成一個數據。我是一個個體，我要當我自己的數據！」

我對唐娜描述的情況一清二楚。我自己生病時，醫生同樣也把以恐懼爲基礎的意見和數據攤在我面前。這件事既悲哀又諷刺，懷疑論者常常和我針鋒相對，他們認爲我對健康的想法很危險，因爲這些想法給人一種安然無恙的錯覺，只是幫助他們逃避生病的殘酷現實而已。但在我看來，是恐懼助長了危險的氣焰，而醫療人員的權威意見都包裹著恐懼。恐懼對我們的免疫系統有著強大的破壞力，導致我們不堪一擊、容易生病。

醫療人員很清楚「暗示」的力量。一九五五年，亨利．畢闕博士（Dr. Henry Beecher）在《美國醫學會雜誌》發表了劃時代的醫學評論〈安慰劑的威力〉（The Powerful Placebo）。從那之後，針對安慰劑效應❶的研究已經進行許多年了。

即使對這一切心知肚明，我們的醫療人員非但不化解病患的恐懼，有很多還似乎是故意要灌輸恐懼給病患。這一點從我每天收到的大量來信即可獲得證實，嚇人的醫生無情宣判病患的預後不樂觀，面對醫生和整個醫療體系的威脅恫嚇，他們寫信問我有沒有辦法克服這種恐懼，如何穿越這塊情緒地雷區？我自己罹癌時的經驗也如出一轍。我痛恨走進醫生的診間，因爲在那裡只會讓我更恐懼。在醫院裡，我甚至覺得病得更重了。相形之下，我在家裡總是感覺好得多。

「我聽到你的心聲了，唐娜。」我回應道：「這不是很諷刺嗎？專門爲了醫療與健康建立的機構，恰恰就是令我們在無意間心生畏懼的地方，因爲他們以冷冰冰、不帶感情、嚇唬人的方式，將各種資訊和治療方式塞給我們。這些機構照理說是要守護我們的健康，實際上卻似乎加重了我們的病情。」

「就是這樣！」唐娜激動地附和。「他們把我們當成機器人一樣對待，而不把我們當成個體來尊重！」

要愛，不要恐懼

打從生病以來，我就強烈感受到當一個人罹患了危及性命的疾病，焦點不只要放在這個人的生理上，也要放在他的心理上——或許更應該放在心理上才對！理想上，爲他提供健康照護的人，應該要問諸如此類的問題：

- 你愛不愛自己？珍不珍惜自己？
- 你快樂嗎？

譯註：

❶指病人雖然接受無效的治療，但因為相信治療有效而使病情獲得舒緩。

●在你的人生中，有對你而言很重要的人嗎？有你對他們而言很重要的人嗎？

●你是否覺得自己活得有目標？

●你的熱情是什麼？

●什麼能帶給你喜悅？

唐娜說：「好，假設我現在的出發點是愛，我也花更多時間保養自己、呵護自己、跟支持我的人攜手並進，於是我來到一個覺得自己很有力量的境地，並且和我的指引系統接上線了，但我還是要做一些困難的抉擇，選出治療的方案。我該怎麼問我的指引系統要做什麼決定？」

「好問題！」我說：「我會開始把攤在我面前的各種醫療選項整理起來，一一檢視每個選項給我的感受。舉例而言，我會問自己：想到化療，我的感受如何？接著，我會觀察一下，這種假想是讓我覺得在毒害自己的身體，猶如你的自然療法治療師所言，還是我覺得它的威力有助消滅癌細胞？接著，我會再問：想到自然療法治療師給我的建議，我的感受如何？如果雙管齊下，既用化療消滅癌細胞，又用良好的養分來補身呢？想到以信念爲本的辦法，我是覺得充滿希望，還是覺得充滿恐懼？如果以上三種綜合在一起，我又覺得怎麼樣？

「如果有不只一種自然療法、腫瘤科或以信念爲本的選擇，那麼我會輪流把它們想過一遍，依次問問自己：這個選擇給我什麼感受？想到走上這個選擇的人生之路，我是覺得強大，覺得自己得到了力量，還是覺得軟弱害怕？我對死亡本身作何感想？面對死亡，我是滿懷恐懼，還是泰然自若地將它視爲人生自然的過程？

「在每一種情況下，我會觀察各個選項引發了什麼情緒，然後我會選擇讓我覺得最有力量、最有希望、也最樂意的那一個。此外，我不會擔心我的選擇是否冒犯了那些支持我的人。因爲說眞的，我們每一個人都需要身邊的人愛我們、給我們力量，並且願意支持我們的選擇。畢竟，你的人生和健康是你自己的事。」

「哇！這席話眞的很有幫助！」唐娜說。

「同樣的辦法也適用於飲食與營養。」我補充道：「關於什麼對身體好、什麼對身體不好，實在有太多互相衝突的資訊了。以前我對吃進自己嘴裡的東西很焦慮。我有兩年的時間吃純素，因為我認識的一位自然療法治療師發誓吃純素好，並且說服我相信動物性蛋白質會致癌。但結果我卻變得營養不良，進而導致其他一堆健康上的問題。在我開始嘗試這套自問自答的方法之後，我的健康就大獲改善。舉例而言，我很快就明白自己很缺蛋白質，於是我開始吃雞蛋，接著又吃魚肉，身體立刻覺得好多了。

「有些東西是常識，例如要吃品質好的完全食物，避免加工食品，尤其是在我們的健康已經受到損害時。但我不認為有任何一套飲食方式或習慣適合每一個人。擁護某一種特定的飲食法，只是陷不照做的人於恐懼之中。我選擇吃純素是出於恐懼，尤其是對癌症的恐懼。我做這種選擇並不是出於我對身體的愛惜。當然，結果我還真的得了癌症。所以，無論吃純素為我帶來什麼好處，都被我身體分泌的壓力荷爾蒙給抵銷掉了，因為我持續活在若有似無的恐懼之中。相反的，如果我愛自己的身體，真心想要竭盡所能過得快樂，那麼我就能體認到自己的身體實際上要怎麼保養。但我卻沒能體認到，因為我的心力都用在焦慮和害怕上了。」

接著，我澄清道：「這並不是說在有需要時，我不去尋求醫學或自然療法的介入。我絕對相信如有需要，務必要尋求支援。但我現在覺得那些介入的手段必須賦予我們力量，而不是剝奪我們的力量。這就是差別所在。而要怎麼知道是前者還是後者，方法就是傾聽自己的心聲。」

我又補充道：「順帶一提，近來我做任何抉擇都用這個方法，包括在撞期時決定要接受哪個演講的邀約，乃至於要不要迎向一個新的計畫。在答應做任何事之前，我先想像自己置身於各種處境當中，然後我只接受感覺會為我帶來喜悅、熱情或目標的選擇，也就是讓我最快樂的選擇。

「多數人都學到在評估與抉擇時要用理智去分析，例如為每一個選項羅列優缺點，接著選擇優點最多的那一項。但即使你選了優點最多的那一個，你做起來的感覺如何呢？它讓你心情雀躍？它讓你充滿熱情？還是你反而焦慮不已，只想事情趕快結束，而不期待去做這件事？」

「我覺得你說的很有道理！」唐娜歡呼道：「我再同意不過了！本著心意做決定的主意聽起來太棒了！但你不會常常覺得很糾結，因爲身邊多數人都不這麼認爲嗎？不知怎麼的，我們所生存的環境似乎要求我們純粹基於理智來行事。」

「我超常糾結的啊！」我回覆道：「即使在歷經不可思議的瀕死經驗之後，我還是覺得周遭世界似乎要我否定我的內在系統，彷彿我的內在系統告訴我的不是眞理，唯有旁人才知道我該怎麼過活！我好像常常落入一種兩難的處境，必須在『融入人群』和『忠於自己的眞理，當個局外人』之間二選一，通常無法兩者兼得！」

「我還以爲只有我有這種感覺呢！」唐娜驚呼道：「我現在最大的難題，就是這些愛我的人出於好意給我的種種意見，總是互相衝突。我知道無論怎麼選，我都只能採納其中一些人的意見、並違背其他人的意見，很傷腦筋啊！」

無視於人們口中的「應該」

很難相信我在唐娜身上看到多少過去的自己，現在我明白爲什麼我會覺得非來見她不可了。我也曾是這樣一個討好他人的人。事實上，想要藉由討好他人來讓自己受到喜愛的念頭不時還是會冒出來，迫使我積極評估每一次的人際互動。以往，我的人生多半受到他人對我的看法左右。和唐娜談話，感覺就像照鏡子，照見了我自己在瀕死經驗之前的性格。

我心有戚戚焉地說：「唐娜，以前的我也有一模一樣的感受。但我後來體會到，當旁人說我應該這樣或那樣時，他們可能是不自覺地出於自身的恐懼才這麼說。換言之，旁人說的其實是他們自己在相同的處境時會怎麼做，所以如果我照他們說的去做，他們就安心了。

「在這種情況下，我的處理方式是謝謝他們的關心和建議，讓他們知道我會連同其他資訊一起考慮。但接下來我會請他們全力支持我最終做出的決定，即使我的選擇和他們的建議不同。我知道當他們置身於我的處境時，我不會硬要他們照我的意思去做，所以我也應該得到他們一樣的對待。結果你知道怎麼樣嗎？多數時候，眞正關心我的人就會支持我的選擇。他們不見得明白自己對我所施加的壓力，一旦明白了，他們就會放手。」

「艾妮塔，你想像不到我有多高興聽你跟我媽說這些！」維拉插進來說道：「她老是想討好每一個人，深怕如果不照大家說的去做，就會失去大家的支持。」

「這樣的話，我也很高興自己提出來了。」我回應道：「如果你因為遵從自己的心意就失去任何人的支持，那他們就不是陪你走過這段路的正確人選！現在對你來說很重要的是：周遭的人只因你是你就支持你，而不是因為你照他們說的去做才支持你。」

我補上一句：「順帶一提，我覺得你們倆有彼此真的很幸運。」

「真的，有維拉在我的人生中，我也覺得自己很有福氣。」唐娜說著，深深看了女兒一眼，眼裡滿是慈愛。從維拉回望她母親的表情看來，顯然她倆對彼此都有同感。

我望了一眼牆上的時鐘，驚覺時間比我想的還要晚。

「喔，天啊，這麼晚了嗎？我都不知道！我恐怕得走了。」我傾過身去給床上的唐娜一個擁抱，跟她道再見。她把我緊緊抱住，以一個原本看起來那麼虛弱的人來說，她的擁抱既強勁又充滿愛。

「真的很謝謝你來這一趟！」唐娜說：「你的來訪對我意義非凡，我會珍惜我們談到的每一句話。你都不知道你今天幫了我多大的忙。」唐娜頓時熱淚盈眶，我感覺到自己也濕了眼眶。

「要堅強，永遠不要忘了你是誰。」我一邊說，一邊慢慢放開她，轉身去拿我的包包。

「我會的。」她一手按在胸口回應道。維拉送我出去醫院外面的計程車招呼站，我深深感受到她暖暖的感激。

我爬進計程車時，她咧嘴笑道：「我好久沒看到我媽媽這麼高興了！謝謝你讓她把焦點放在自己身上！」

關上車門前，我告訴她：「見到你和令堂，我今天就值得了。你們倆都讓我打從心裡溫暖起來！」我朝她揮揮手，計程車彎過轉角朝碼頭駛去，載我去搭渡輪回家。

從維多利亞港回到愉景灣的航程上，我回味著我和維拉、唐娜共度的時光，腦海裡回想著我們的對話。很難知道唐娜最後的結果會怎麼樣。她會找到恢復元氣和生命力的療癒之道，還是會超越這個世界，進入到另一個世界——一個我很熟悉的世界，一個我親身經歷過的世界？無論結果如何，我知道過程才是最重要的部分。我們見過面之後，我有信心她的這段旅程將會遠離恐懼與不安，迎向愛與喜樂，而她會找到在這一路上最能支持她的人和做法。

我也想了想自己這一路走來的歷程，並再次體認到保持平靜與喜悅有多難，即使我很清楚什麼能帶給我平靜與喜悅。但我知道以這個下午的拜訪而言，去見唐娜的衝動不是出於討好他人的渴望，而是我發自內心覺得去見她是最快樂的選擇，對我自己的喜悅與健康都有加分的作用，結果也確實如此。

破除「我們的健康全是醫生的責任」的迷思

如果「醫療體系照顧我們的健康」是種迷思，那麼真相是什麼？

想想這些可能的真相：

- 醫生和其他醫護專業人員可以針對我們的身體狀況給意見，告訴我們有哪些選擇，但我們要負責親近內在的指引系統，為自己決定採取什麼行動最好。
- 健康問題不只是醫學上的問題，原因也可能根植於我們的心理、情緒、精神狀況、乃至於環境之中。
- 我們不是疾病的受害者，因為各種疾病和毛病並非憑空而來。就許多層面而言，要想改善健康，我們可以做的有很多。

- 疾病不只是老師，也往往是一記警鐘，為我們指引一條更好的道路。疾病不是必須摧毀的惡魔、因果報應的惡果，或負面思考的結果，就連死亡本身也不是我們的敵人。

- 不要將疾病視為一種詛咒，而要選擇看見疾病帶來的禮物或訊息。這種心態能賦予我們力量，並且大有可能改善生病的結果。

實作與練習：

- 如果你或你愛的人病情持續惡化，要學會抵抗錯誤的信念，例如認為病人做錯了什麼才會生病，或病人努力得不夠才沒能打敗病魔。要認清這些想法的真面目——它們不過是不公平又傷人的批判罷了。相反的，要以支持、理解和愛包圍自己或所愛之人。

- 下次被排山倒海而來的資訊淹沒時，考慮採取資訊閉關，為時至少一、兩天，不要從外界接收任何新的資訊，這麼做可讓你比較容易聽到內在指引系統的忠告。

- 學習在需要做決定時，隨時親近你的指引系統。一一考慮各個選項，注意每個選項引發何種情緒：是讓你覺得充滿希望與力量，還是讓你軟弱又害怕。選擇感覺最良好的那一個。
- 如果你難以評估自己對某一個選擇的真實感受，不如試試丟銅板吧。注意你對丟銅板的結果最直覺的反應，如果你的反應是正面的，那就選擇那個選項。如果你直覺地心生抗拒，那就選擇不同的選項。
- 感覺快被恐懼淹沒時，專心去做讓你快樂的事，不要把焦點放在讓你恐懼的事情上。這有助於將你調整到平靜踏實的狀態，讓你更容易親近內在的指引。
- 當旁人堅稱你應該照他們的想法去做時，要知道他們是出於自身的恐懼才這麼說。真誠地謝謝他們的關愛，接著請他們支持你，無論你最終做了什麼選擇，即使那不是他們要的。

- 如果醫生提出的治療方案聽起來很嚇人，或是讓人覺得無法招架，問問醫生如果他自己的家人或心愛的人得到了一樣的診斷，他會不會也採取相同的療法。
- 如果醫生沒說你的癌症已經治癒，只說你的病情獲得了「緩解」（我個人很不喜歡這個字眼，因為它削弱了你的力量），那就告訴自己，你的癌症到此為止。把「緩解」二字想成「解除癌症警報，回歸正常生活」，現在是時候擁抱人生、想起你來到這世上的任務了！

問問自己這些問題：

- 回顧從前生過的病、受過的傷時，我覺得自己當時的身體狀況和心理、情緒或精神健康有什麼關聯？

- 如果生過的病是提醒我轉換人生跑道的一記警鐘，那麼我的身體有可能是在敦促我做出什麼改變？
- 相較於其他人，我在和某些人聊病況和治療方案時，是否較為緊張？若是如此，我能否自己作主，不和那些人聊也可以，即使他們是好意？
- 今天我能做什麼來向自己證明我有多愛自己、多支持自己？明天、後天，我又能做些什麼？
- 無論身體狀況如何，今天我要怎麼做才是真正地擁抱生命？我能參與什麼活動，積極投入人生？

我知道我是在為自己的健康負責，當……

- 我歡迎來自醫護專業人員和親朋好友雙方面的資訊，也很感激他們的專業與關心，但並不覺得有義務或非得聽從任何一種意見不可。

- 我可以隨時親近我的指引系統，釐清什麼對我來說才是正確的，而不會讓恐懼影響我的決定。
- 我體認到我的身體是心理、情緒和精神健康（連同生理健康）的溫度計，我很感激它的教誨與指引。

迷思 6

暴戾充斥的新聞能帶來安全

令人心神不寧的現實狀況

老是在香港和美國兩地飛來飛去，丹尼和我眞的疲乏了。就算再怎麼熱愛旅行、冒險、看看新的地方，我們還是開始覺得花太多時間在飛機上枯坐、在機場裡等待、站在隊伍裡排隊，以及通過安全檢查。當我們不飛行的時候，就是在調整跨越數個時區的時差。所以，二〇一五年一月，我們終於豁出去從香港搬到美國。我們選擇住在南加州，主要是因爲我喜歡靠近海邊，而我們已習慣了溫和的天氣。

我倆都愛待在美國，也很愛加州這個地方，但在這個新環境裡有一件事讓我很受衝擊。丹尼一早更衣時往往會打開電視看新聞。還住在香港時，他的這個習慣從來不會對我造成困擾，因爲那裡的新聞一點也不聳動或擾人，報的多半是香港政府和北京、台灣等鄰近都市的官方會晤。

美國新聞讓我很震撼的地方，在於每天播報的暴力犯罪量。在亞洲，很少有暴力犯罪新聞可報。槍枝在多數亞洲文化中基本上並不存在，但在美國，每天我都聽到漫不經心的凶殺案件發生在學校、教堂、電影院和私人住家。他們不過是默默過生活的普通老百姓，卻以最血腥、暴力的方式被殺害！受害者還常常是小孩，而許多凶案的導火線似乎在於種族。

我的精神大受打擊，情緒上和心理上都受到影響。我請丹尼把電視關掉，放些輕鬆愉快的音樂來聽。儘管他很樂意配合，但我心裡卻隱隱覺得不安。即使我可以用音樂開始我的一天，我知道這些槍擊案依然在發生。我不打開電視並不代表暴力就不存在。我知道我的做法只是把頭埋進沙子裡。

從瀕死之境領受到萬事萬物皆互相連結

這些駭人聽聞的新聞之所以影響我至深，是因為我知道我們都是一體相連的。然而，我們卻因為對這種一體性的無知而散播仇恨、互相殘殺。我們不知道我們傷害的是自己的兄弟姊妹，是自己的孩子，是自己的父母，是我們自己！世界各地掀起戰爭的主因，就在於我們以為彼此互不相關。我們訓練年輕人上戰場殺另一個國家的人（往往是其他年輕人），只因他們的政府領袖與我們意見相左。然後我們頌揚那些殺了最多人的人，或那些從槍口下救了自己人的人。我們把他們當成戰爭英雄。殊不知殺人和救人是一枚硬幣的兩面，如果沒有殺戮，也就不需要救援。

我在死時明白到，那些被我們所殺的人並非與我們無關。想像一下我們是十根手指頭，每一根手指都自認是完全獨立的個體，和其他手指互不相關。然而，到了死時，我們卻發現每一根手指都是同一隻手的一部分。如果在活著的時候就能明白這一點，我們就不會去殺任何人；我們不會砍掉自己手上的任何一根手指。

如前所述，處於瀕死狀態時，我不僅沒有形體，也沒有性別、種族、文化、宗教、信念和小我。然而，沒有了這些世俗成分的我並非變得什麼也不是，反倒變得偉大多了！我變得更遼闊、更強大、更雄偉。事實上，我領悟到一直以來界定了我的世俗成分其實降低了我、限制了我，讓我遠遠不如眞實的我。沒有這些狹隘界線的我是無限的，是萬事萬物的一部分，與萬事萬物同爲一體。

然而，在這三維空間的俗世中，我們有必要藉由對比與差異來建構眼中的現實。此所謂二元對立，唯有透過和其他事物相比，我們才能理解某一件事物。然而，把焦點放在差異上的結果就是，我們往往視異己為仇敵。

在這一生當中，要不帶批判的眼光幾乎是不可能的，因為我們隨時都必須做出辨識、區別與判斷，唯有如此才能為人生指引方向。我們必須能夠分辨好壞、正負、明暗等等互相對立的特質。在不斷的評比當中，我們一直都在做選擇。我們相信某些選擇比較好，因為它們讓我們和身邊的人比較快樂。無庸置疑地，某些選擇比起其他選擇也確實對我們比較好。學習哪些選擇對我們最好，就是我們為人生找到方向的方式。

然而，我在瀕死狀態中學到，這些我們視為對立的特質，其實並不互相對立。它們攜手共進，若是除掉一方，另一方也不復存在。我們不能只知其一，而不知另一。在那大徹大悟的狀態中，萬事萬物沒有區別，一切同時為我所知。

這意味著我不只能同時且時時看到硬幣的兩面，也能明白它們其實同為一體。就好像莫比烏斯帶其實只有單面，即使它看起來是雙面的。事實上，在一體不二的狀態中，我們成為那枚硬幣，並且完全明白兩面都有必要，萬事萬物才能存在。畢竟，硬幣不可能只有一面。所以在瀕死之界，我只感覺到對生命運作方式的完全接納。事實上，我感覺到的遠遠不只接納。我感覺到對每一個人和萬事萬物完整的、無條件的愛；我感覺到對我自己和其他所有人的慈悲與共感。

我也完全明白了我為什麼會有我的所作所為，別人又為什麼會有他們的所作所為，無論我們的作為顯得多可惡或多傷人。我對一切了然於心。整塊人生的織錦像是被照亮了，一清二楚地呈現在我眼前。我明白了這一生中我所做的許多事，都是出於受到侷限的觀點。換言之，我明白了當我傷害他人之時，那些行為是源於我自身的痛苦、恐懼、無知，以及缺乏自覺。當下的我只能就我所知盡力而為。從無限之境的觀點看來，我明白了破壞是我們逼不得以的最後手段，傷人只因我們眞心相信自己別無選擇，無論從我們有限的觀點看來這麼做是對是錯。

到了死時，我們將能一眼看盡人生的全貌，明白所有事件與境況的來龍去脈，明白我們為什麼做出自己所做的選擇。我相信就連對罪犯來說亦是如此。在許多情況下，換個角度來看，被我們貼上「壞人」標籤的人，其實是他們自身有限觀點的受害者。舉例而言，只要看看牢裡男多於女的現象就知道了。爲什麼囚犯當中某些族群的人多過其他族群的人？爲什麼大多數的囚犯來自社經地位低下的階層？我們這個充滿偏見、限制、期望與預設的社會，是如何幫忙造就了這些罪犯？

每一個犯罪行爲的背後並非只有一位加害者，而是有無數錯綜複雜的人事物交織在一起。在宇宙的眼裡，這些人事物都有其道理。但我們似乎以爲只要把某一個爲非作歹的人或團體關進牢裡，這世界就會成爲一個更好的地方。殊不知這個人曾經遇到的每一個人、曾經有過的每一個遭遇，都是迫使他決定犯罪並犯下惡行的部分原因——或許他在學校遭到霸凌，或許他受到種族歧視，又或許他受到家庭暴力。

在瀕臨死亡的過程中，我強烈體會到我們都是一體相連的。在那沒有界線的狀態中，即使是想到我在俗世所憎恨、所鄙視的人，例如殺人凶手或虐童凶手，我對他們也只有完全的理解與慈悲。事實上，我對一開始導致他們走上歧路的痛苦感同身受，而對加害者和受害者雙方，我都一樣感到完整的、無條件的愛。瀕死經驗讓我體會到一個人之所以傷害他人，要麼是出於無知，要麼是出於痛苦。他們離自己眞實的本質太遠，以至於變得麻木不仁（無論是因爲受到某種形式的虐待，或是因爲精神上的疾病）。

在社交媒體上，我常因表示另一個世界沒有審判而遭到攻擊。這種觀點不受歡迎，一來因爲它違背了傳統宗教的教義，二來因爲我們愛分「我們」和「他們」，也愛抱著「負我者死後當受制裁」的信念。一旦我所體會到的眞理與大眾信仰相違背，和大眾分享我的體會就變得很有挑戰性，但我必須相信需要聽到的人就會聽到我所傳遞的訊息，並且從中獲益。

前陣子，我收到一封獄中來信，替我證實了這一點。來信者說他獲判二十年有期徒刑，不得假釋，所以我猜他犯的罪一定很嚴重。服刑期間，他看到偉恩．戴爾在公共電視網的特別節目上訪問我。那次訪談中，我特別提到無論我們做了什麼，在另一個世界都沒有審判，因爲一切都會變得清清楚楚，我們會對一切了然於心。從那樣的角度，我們會明白自己爲什麼有種種的所作所爲。

我的見證引起這位受刑人的好奇，他從獄中致電給他的姊姊，請她幫忙買我的書寄給他。在那之後，他就寫信給我，告訴我那場訪談和我的書對他而言是多大的解脫。我們的社會讓他深信做錯事會下地獄，結果導致他很怕死。他知道自己做錯了，雖然我沒問他做了什麼，但他在信中說鑄下大錯時他很年輕、很愚昧，如果有機會重來，或是換了不同的情況，他知道自己絕對不會那麼做。

他在信中說明，那年他二十歲，截至當時爲止，他的人生都很平順。接著有一天，和一群朋友在一起時，他一時軟弱，鑄下大錯。他說那是他人生中最大的錯誤，他後悔莫及。他已經在用生命付出代價了，但想到死後還要繼續付出代價，生生世世不得解脫的想法便揮之不去。他說自從入獄以來，我的見證第一次爲他帶來平靜。他願意用他的人生爲他所犯的錯付出代價，現在他知道當大限到來時，他可以安息。他的信讓我熱淚盈眶。這正是我所需要的保證。如此一來，我就知道分享我體會到的眞理是在做對的事，我不必迎合一般大眾想要聽到的東西。我和他聯絡，讓他知道他的信對我有多大的幫助，他聽了也很感動。

輝煌的宇宙織錦

由於我在無形之界的經歷無以言喻，所以我常用「織錦」這個比喻，象徵我們和他人的生命都像絲線般彼此交織。想像一下，成千上萬的絲線以各種想像得到的材質紡製而成，各各閃耀著生命的光輝。一條條不同的絲線代表著每一個曾經存在的人，它們錯綜複雜地交織在一起，織出繁複多彩的花樣，織出層層疊疊、不可思議的畫面。一條條絲線縱橫交錯，往上織、往下織，穿過彼此，往四周織出去，織得燦爛，織得優雅，織得美麗。整塊織錦像是活的，每一條絲線的交織都爲它注入活力，就這樣織出了高山、大海、大象、芒果、高樓大廈、飛機、沙發、你、我，乃至於自古以來存在於世上的萬事萬物。

現在，想像一下，你跟著其中一條線穿過整塊織錦，在這塊織錦上穿進穿出、穿上穿下，這裡碰到幾條線，那裡越過幾條線，之後還會和其他絲線交會。這一條線和其他纏來繞去的每一條線並非都有直接的接觸，但整體而言，所有絲線彼此相連，織就出一塊連綿不絕的宇宙傑作，它是美麗的藝術作品，細膩地訴說著一個平衡的故事。牽一髮而動全身，每一條線和整幅畫面都不可分割，每一條線都是整個故事裡舉足輕重的元素。我請你跟隨的那條線代表的就是你，以及你的人生。

在有形世界過日子時，我們看不到整塊織錦不可思議的全貌，也看不到每一條線是如何組成一個整體。我們只知道自己所置身的每一個當下——我們自己的那條絲線在整段旅途中的某一個時間點。我們從這個有限的觀點看出去，在每一個當下就我們所知盡力而爲，織就我們所呈現出來的故事。事後，我們可能會爲自己所織就的故事反悔，但在當下我們不得而知。

儘管如此也一定要記得，無論我們從有形世界的觀點如何看待這些故事，從無形世界的有利位置看來，整塊織錦都是完美無瑕的。在那樣的高度看來，一切都是它該有的樣子，不可能再更好了！所以，當我置身於另一個世界之時，我並不只是看到自己這條線，而是擁有全知的視野，看得見故事的全貌，對亙古以來所有交織在一起的故事了然於心，包括我是如何和其他絲線相連——一下和這一條線結合，一下又和另一條線交錯。

多年前逃離父母之命的婚約後，我對讓我家人和未婚夫一家蒙羞感到很內疚。在我的文化中，父母之命、媒妁之言的婚姻很正常，很符合大家的期待，所以，我的圈子裡有許多人都因我解除婚約而排擠我。但如果其實我並沒有做錯，反倒還做對了呢？當時我一直相信那是我的孽障，但如果宇宙並非爲了前世的惡業懲罰我或折磨我呢？至少在我的圈子裡，如果我的做法其實點出了「盲婚啞嫁」的根本問題，尤其是爲那些像我一樣生長在多元文化中的人呢？或許我這麼做本來就是爲了幫助他人挺身而出，尤其是爲我的圈子裡那些家有適婚子女的父母。透過我的例子，他們在爲長大成人的孩子做出相同的錯誤決定前，就可以多想一想。

我們都是一體相連的。每一個人的所作所爲都會影響其他人，連帶影響整塊織錦。我不再爲了逃婚而心懷愧疚，也不再爲了無心傷人而自責。現在我明白在宇宙的全知觀點裡，一切或許都是依照該有的樣子展開。現在我懂得放下所有的罪惡感或自我批判，相信在這塊精緻巧妙、無窮無盡的宇宙織錦上，萬事萬物都在它該有的位置上，並呈現出該有的樣貌。

宇宙的巧妙安排

過去幾年，我的人生中發生了好多「共時性」（synchronicity）現象，再再向我證明我們都是彼此相連的。對我而言，所謂共時性是當我和一個八竿子打不著的人產生了連結，我們擺明了不可能有關係卻湊在一起，用純屬巧合來解釋未免太過牽強的狀況。

舉例來說，二〇〇六年二月，當我在香港的醫院裡陷入重度昏迷時，我先生守在我身邊，用意念要我回來。與此同時，我母親在一間印度廟裡，向她篤信的濕婆神祈禱。同一時間，我的佛教徒嫂嫂夢娜人在印度，進行長達十小時的深度冥想和唱誦，她要一連爲我的健康祈福三天。夢娜後來告訴我，完成十小時的深度冥想和唱誦之後，不出五分鐘，她就接到我的家人來電，說我已經離開加護病房，移到醫院的恢復室了。

還有另一個共時性的例子，是當偉恩．戴爾來到我的生命中，助我出版我的第一本書。我在《死過一次才學會愛》書中寫得很詳細，就在我覺得準備好可以和大眾分享我的故事時，米拉．凱利（Mira Kelley）剛好在網路上讀到我寫瀕死經驗的文章。米拉．凱利是作家，也是前世回溯治療師，我的經驗讓她很震撼，第二天她就在電話中向偉恩．戴爾提到我的故事，他聽了也想一睹爲快。她把我的文章傳給他，他讀了深受吸引，立刻就決定要找到我，助我出書談我的經驗。

即使是從一個比較小的格局來看，共時性的情況也持續在發生，不僅爲我證明了我們全都彼此相連，也爲我每天的生活增添滋味與樂趣。大家似乎一直在用意念要我出現（或者是我要他們出現），然後突然間，我們就與彼此相逢，以非常深刻的方式碰觸彼此的生命。

幾年前，出書幾星期後，我回印度浦那探望我母親。我剛上過偉恩．戴爾在美國公共電視的特別節目，我的人生正在急遽轉變。我很渴望回家投入母親溫暖的懷抱，於是我抽出一段空檔與她共度，從旅行的忙碌步調中休息一下。

浦那是一座人口多達五百五十萬的大城，擁有長達三千年的歷史，一直以來都被視爲精神文化的重鎭。雖然家母住在城裡一個安靜的區域，但一天下午我們來到繁忙的市中心，穿梭在迷宮般的街道和巷弄間，暈頭轉向地彎來繞去。太陽下車水馬龍，人群熙來攘往，還有各式各樣的店鋪和攤販。我們一路走，我一路欣賞著雜亂無章的色彩、聲響、氣味，以及人文薈萃的燦爛火花。

三輪車、腳踏車、摩托車，按鈴的按鈴，按喇叭的按喇叭，通知大家讓路。我們在車陣間迂迴前進，一邊避開慢吞吞的牛車，一邊沿著狹窄的街道走去。路邊攤賣著辣煮蔬菜、麵包、油炸零食、甜點、塑膠玩具、美麗的布料、衣裳、五顏六色的包包和帽子、涼鞋、氣球、廚房用具，琳琅滿目不勝枚舉。這些畫面和聲響混合著各種氣味，有薰香，有紅咖哩，有新鮮和腐爛的蔬菜，還有汽車廢氣、香水和牛糞。整幅景象猶如慶典一般熱鬧非凡，怎麼描寫也不能盡述，只能身歷其境親自體會。

將這一切盡收眼底之時，我瞥見一條美麗的裙子，掛在一間非常小的小店櫥窗裡。小店隱藏在香料攤和裁縫店之間，淹沒在繁忙的景象之中，讓人幾乎看不見。那條色彩繽紛的拼布裙子以美麗的印度布料縫製而成，像賽蓮女妖的歌聲般呼喚著我，讓我無法抗拒。於是家母和我走進那家小店，就近看個清楚。

我大聲喊道：「你好！我可以看一下櫥窗裡那條彩色的裙子嗎？」

「當然可以。」年輕漂亮的老闆娘掛著迷人的微笑，從櫃台後面出來到店鋪前面，把那條裙子從展示櫥窗裡拉下來遞給我。

我面對穿衣鏡將裙子舉到腰際，老闆娘親切提議道：「試穿一下，看看穿在你身上怎麼樣！我真的覺得很適合你。」

她的態度顯得相當真誠而關心，絲毫沒有強迫推銷的意思。我看得出來這家店是她的，她對自己所提供的服務很有榮譽感。她關心的不只是把東西賣出去，她也很重視人情味和我們之間的互動。

「這裡有試衣間嗎？」我問。

「有啊，在後面這個角落。」她說：「我們會幫你拉上簾子。只要站到簾子後面，你就可以試這條裙子了。」

我到簾子後面換上那條裙子，重新走出來的時候，老闆娘和我母親都說裙子很漂亮，真的很適合我。我回到簾子後面去換下裙子，年輕的老闆娘問道：「你是從哪裡來的？你的口音不像本地口音，所以我知道你不是這裡的人。」

「沒錯，你說對了。」我從簾子後面回答道：「我不住印度。我住香港。我在那裡長大。」

我把我打算要買的裙子遞給她，她驚呼道：「哇！太巧了吧！我正在讀一本很震撼人心的書，作者剛好也是一位在香港長大的印度女性，名叫艾妮塔．穆札尼，你聽過嗎？」

從她口中聽到我的名字，我的下巴都快掉下來了。

「那就是我啊！你在讀我的書！」我不敢置信地說。這下子換她下巴掉下來了。

「什麼？你在開玩笑嗎？不會吧！我不相信！」她顯然很吃驚地伸手到櫃台後面，拿出我的書。我看到了熟悉的藍色書封。她把書翻過來，翻到封底有我照片的地方，說道：「喔！我的老天！真的是你！」接著她就奪門而出，跑去叫附近所有的攤子小販和店鋪老闆進來。

她問眾人：「你們知道我上星期看得欲罷不能的那本書？我每天趁午餐時間看個不停，還叫大家都不准吵我的那本書？」問完，她自豪地宣布道：「這位就是那本書的作者，她來我店裡了！」我在一旁笑開了嘴。她叫人去倒香料奶茶來給我和家母，她自己則從櫃台後面拉了幾張木頭折疊凳出來，放在小店中央。

「請坐！我不能這麼快就放你走！」她說：「我不敢相信你人在這裡，在我的店裡！」

我張口結舌，不知道要說什麼。這麼奇妙的緣分發生在地球上最不可能的一個地方，我除了驚訝還是驚訝。我的書才剛上市不到兩個月，居然會在浦那這個亂哄哄的大都會擁擠密集的街道間，發現一家小店的老闆在讀它。實在令人反應不及！

「順帶一提，我叫吉塔。」她還是一副跟我一樣吃驚的模樣。

「你怎麼會讀到我的書？」我問。因爲我的書才剛在美國和其他幾個國家上市，所以我知道在印度買不到。

「我的表姊住在英國。」吉塔解釋道：「她先讀了，讀完就寄給我，叫我一定要讀。」

「眞的難以置信，世界變得多麼小，我們又是多麼緊密相連。」我說：「好神奇喔！想想你的表姊大老遠從英國寄這本書給你，然後我就剛好這樣跟你偶遇！」

「讀這本書的時候，我就一直希望有一天能見見你。」吉塔告訴我：「我有好多話想跟你說，就彷彿我用意念要你出現，你還眞的出現了！」說著說著，她不禁熱淚盈眶。

我說：「無庸置疑，是你用意念讓我出現在這裡。」無庸置疑，冥冥中我就是注定要為她來到這裡，而她也注定要以某種方式碰觸到我的生命。「我感覺自己是因爲你才來這裡的，所以請盡情問我任何你想問的問題吧！」

吉塔還是眼泛淚光，她告訴我她有個罹患自閉症的兒子。我看得出來，她是一個很美麗、很慈愛的母親。能有這樣一個媽媽，她的兒子很有福氣。然而，她現在面臨到一些棘手的挑戰，她感覺她和兒子之間不再心意相通了。這種情況讓她很心碎，她問我有沒有什麼建議。

「不要用言語去溝通，要用你的心。」我告訴她：「切記我們都是一體相連的。以此類推，如果你覺得很好，你兒子也會覺得很好。所以，照顧你自己和你的需要，眞的很重要。

「事實上，孩子對人與人之間的這種連結很敏感，但我注意到，比起身邊的人，有特殊需求或特殊挑戰的孩子往往更敏感。」我繼續說：「無論你有什麼感覺，你兒子都會感受到。所以，就從問問自己有什麼需要開始。要怎麼樣你才會覺得更滿足？要怎麼樣你才會更愛自己、更支持自己？我很確定一旦你重新快樂起來，你的兒子也會受到影響。」

吉塔看起來很明顯鬆了一口氣，接下來我們的談話氣氛也輕鬆起來。我們聊到共時性，聊到我們能遇見彼此是多麼不可思議——這裡可是一座有五百五十萬人口的擁擠都市，而且我所住的地方在地球的另一邊！我們坐在那裡聊了一小時左右，直到我必須離開爲止。我掏錢要買那條裙子，吉塔卻把包裹塞進我手裡，說道：

「收下吧，這是我送你的禮物。」

「不行啦！」我推辭道。

「可以，我堅持。」她說：「我想讓你每次穿上它就會想起我們的偶遇。」

我好感動。她的慷慨深深觸動了我。我收下這份心愛的禮物，和吉塔像一對難分難捨的姊妹般擁別。

「要再回來唷！」她喊道。

「一定！」我回應道：「就在我下次回浦那的時候！」

家母和我心情雀躍、步履輕盈地離開那家店，心裡知道宇宙的巧妙安排永遠都會鼓舞我們、振奮我們，隨時隨地爲我們指引明路。

傳遞愛的意念

每晚睡前躺在床上回顧一天時，我都會把愛傳送給世上的每一個人，無論他們是誰。畢竟，我們都是一體相連的。對我來說，他們做了什麼、幫助了誰或傷害了誰都不重要，即使他們傷害的是我。無庸置疑地，有些人是連環殺手、殺人凶手或強暴犯。我刻意把愛的意念傳送給每一個人。我想像自己延伸出去、擴展開來，擁抱每一個人，包括死刑犯在內。如果他們知道愛的感受，或許他們在一開始就不會殺人。仇恨和暴力的解藥絕對不是更多的仇恨和更多的暴力。愛，才是解藥。

破除「暴戾充斥的新聞能帶來安全」的迷思

如果「切斷連結才安全」是種迷思，那麼真相是什麼？

想想這些可能的真相：

- 我們都是宇宙整體的一部分，以我們在這個有形世界看不見也想像不到的方式，錯綜複雜地連結在一起。
- 如果我們都是一體相連的，那麼傷害了別人也就傷害了自己，幫助別人也就幫助了自己。
- 如果能跳脫二元對立的思維，從一體不二的角度去看這個有形世界，我們會看到一切本來就是完美的，即使從我們有限的俗世觀點看來似乎並非如此。

實作與練習：

- 當你判定自己做錯了，當你為了過去的所作所為譴責自己，別忘了提醒自己，你在當時已經盡力了，回想一下當時的你知道什麼、感受如何。
- 當你覺得冥冥中受到指引要去某個地方、做某件事或說某句話，學習跟著直覺走，保持開放的態度，迎接和他人的「共時連結」。
- 練習慈悲地看待一個你只是略有微詞的人，當你越來越能敞開心扉去接納那個人或他的行為，就將這份慈悲擴大到下一個令你更為不滿的人。一次次更上一層樓，朝下一個層級練習你的慈悲，如此這般持續下去。
- 注意負面消息之餘，花同樣多或更多的時間閱讀或聆聽振奮人心的故事。要記得，即使一切看似灰暗悲慘，那也只是媒體播報出來的部分。在這世上也存在同等分量的好事，所以，在不否定壞事的同時，睜大眼睛注意美好的一面，並且竭盡所能好好欣賞。

- 造訪其他國家或和來自不同文化的人相處時，用心找出你們的共同點，例如對孩子的愛或對家庭的奉獻。學習將彼此的差異視為「不同」，而不要為對方貼上「奇怪」的標籤。盡可能從小就教孩子一樣的做法。

問問自己這些問題：

- 從一個受到侷限、充滿批判的觀點去看待各種人事物時，我可能對自己造成了什麼阻礙，甚或傷害？
- 什麼情況或處境可能導致一個人做傷人之事或說傷人之話？
- 如果我很確定自己和芸芸眾生、萬事萬物都是一體相連的，那麼這種信念對我的想法和言行舉止會有什麼影響？
- 我還懷著什麼罪惡感？我能不能退一大步，從一個不同的、更慈悲的觀點看待自己的一言一行？若是不能，我能不能以那樣的觀點看待一位摯友或我心愛的人？我要怎樣才能給自己同等的理解和慈悲，就像我諒解別人一樣？

我知道這樣就體現了一體相連的真義，當……

- 發生了奇妙的共時現象，提醒我看似偶然的巧合其實是一個小小的環節，背後有著更大的計畫，而我在冥冥中受到了指引，成為計畫的一部分。
- 在好與壞之間，我選擇相信自己和別人的所作所為都是好的。我知道萬事萬物互相作用之下，最終都是朝好的方向發展。
- 發生了造成傷害的情況，面對導致痛苦或混亂的人，我的第一個反應是至少表現出最低限度的慈悲，而不是加以批判或憤怒以對。

迷思 7

死後的審判與懲罰必然會發生

突如其來的空中驚魂記

我們的飛機在洛杉磯上空盤旋，準備降落，我透過機窗望著底下的屋頂。眼前所見有公園、花園、游泳池，還有陷在車陣裡的車輛。從空中俯瞰，它們看起來都像小小的玩具。

搭飛機時，我總是坐靠窗的座位，丹尼則總是選擇靠走道。他喜歡隨時可以起來走一走、伸伸腿，我則愛看著窗外，感受一下我們即將降落的城市。不論是樓房和鄰近的區域、公路和吊橋，或是高山和農田，看著這些景色都讓我很興奮。我甚至喜歡在我們飛到雲層上面時看著窗外，因爲那讓我有種和宇宙合一的感覺，很類似我在二〇〇六年的瀕死經驗。

「丹尼，你看，著名的好萊塢招牌在那裡！」我興奮地說著，偏頭讓開，好讓他也能看到。這不是我們第一次降落在洛杉磯國際機場。事實上，我們在美國國內線的航程似乎多半經由這裡轉機。隨著我在加州內外的演講活動越來越多，我們也對這裡越來越熟悉。丹尼越過我的肩膀望向窗外，我們突然感覺機身往上彈了一下，飛機緊接著開始朝澄澈的藍天飛了上去。

「各位先生，各位女士，這是機長廣播。」一名男子的聲音透過廣播系統播放出來。「很抱歉必須暫停降落，我們的起落架有輕微的機械故障，此時正在排除問題，幾分鐘後將再次嘗試降落。降落時，看到機身周遭跑道上的消防車和救護車請勿驚慌，這麼做純粹是安全措施。」

丹尼和我一臉不解地望著彼此，我說：「唔，至少我們在一起。如果這次我們走了，你不必來帶我回去！」我們現在能開這種玩笑，但在九年前，當每個人都覺得我回天乏術的時候，沒人開得了玩笑。二〇〇六年二月二日，罹患末期淋巴癌的我陷入昏迷，器官一一衰竭。我已經和癌症對抗四年了，在那個二月天，醫生告訴我的家人，我只剩最後幾小時。

整個抗癌的過程中，丹尼都是我力量的泉源，是他支持我繼續下去，到最後我陷入昏迷，他從沒離開半步，始終握著我的手對我耳語，要我回來。在另一個世界彌留之際，我感覺到丹尼活著的目的是和我綁在一起的，如果當下我選擇了死，他很快就會追隨我而去，因爲他再也不能實現他活著的目的了。然而，感覺起來，那也沒什麼不好，就只是我們死活都注定要在一起而已。所以，如果我選擇了死，我也不會失去他。

我們在很多方面都相反——丹尼喜歡寒冷的天氣，我喜歡溫暖的氣候；他喜歡下雨，我喜歡出太陽；他喜歡城裡，我喜歡海邊；我是藝術型的人，他是分析型的人；我比較聽從直覺，他比較按部就班。然而，我們似乎總是配合無間，我們的生活緊密交織，往往難分彼此。

飛機爬升到洛杉磯上空，丹尼以逗趣的口吻說：「我們不會死啦，要是起落架放不下來，他們會用機腹著陸的方式迫降。」

「喔，好極了。」我嘆了口氣道：「機腹不是他們放行李的地方嗎？我最期待的就是看到機腹裂開，然後我的衣服、披肩、鞋子和包包散落跑道各處！」

丹尼噗哧一笑，笑完又說：「不會啦！不會發生這種情況，因爲不是這樣迫降的。他們會在整條跑道上噴滿泡沫，充當潤滑劑和阻燃劑。」雖然他知道我只是想讓氣氛輕鬆點，但他理性分析的頭腦已經推敲出可能的情況，甚至在問題發生前就想好解決之道了。這就是他的作風，而我也越來越依賴這樣的他。

我們的對話突然被起落架放下的刺耳聲響打斷。飛機終於降落在洛杉磯機場湯姆布萊德利航廈前的跑道上時，乘客們很明顯都鬆了一口氣。

暗黑陌生人的出現

在前往四十四號登機門轉機去聖荷西的路上，我覺得有個男人在看我。但我回頭看時，他卻別開了目光，所以我只當是自己的想像。

到了預定的登機門，丹尼和我把登機證給工作人員看，結果卻被告知飛機因爲霧況要延誤兩小時。哇！爲了區區一小時的航程，我們要等兩小時之久！工作人員很同情我們，但她也沒辦法。我們問她能否轉搭別的飛機，她幫我們確認了一下，但沒有斬獲。不過，我們有很多人作伴，因爲城裡起了一上午的霧，當天所有航班都誤點了。

我們能做的就是找地方安頓下來，舒舒服服地等待。所以，丹尼和我找到兩個座位，他開始到處去找能用來給 iPad 充電的插座。我們還很有得等，我想先去買杯茶來，再拿出我自己的 iPad 查看電子郵件。於是，我把我的手提行李放在座位上，問丹尼要不要喝點什麼，他請我幫他買杯咖啡。

這棟航廈的這一區只有一家咖啡館，我穿過走道去到那裡，爲自己點了一杯印度香料茶，爲丹尼點了一杯咖啡。朝我們的座位走回去時，我的眼角餘光再次掃到有人在看我。我轉頭去看，瞥見我剛剛注意到的同一位先生，但這次他沒有別開目光，一雙銳利的黑色眼眸直勾勾地望著我。接著，他對我微微一笑、點了點頭，彷彿在向我表示他認得我。他看起來大概是坐三望四的年紀，我猜他那染上風霜的頭髮以前也曾烏黑發亮。但是在我看來，最顯眼的是他的表情透著悲傷。

我朝他點頭微笑，接著就拿著茶和咖啡回到我們的座位。我把飲料放在座位前方，坐下來伸手到包包裡，拿出我的 iPad。當我重新抬起頭來時，那位黑色眼眸、神情哀傷的先生就站在我正前方，看起來有點不自在的樣子。

「你好，請問你是艾妮塔．穆札尼嗎？」他說。

「是啊，我是。」我很訝異他知道我的名字。

「我讀了你的書，也看了很多你在 YouTube 上的影片。」他露出一抹淡淡的微笑，說道：「我從你分享的訊息裡得到很多安慰。」

「謝謝！很高興知道我的分享對你有幫助！」我咧開了嘴笑道。在公眾場合偶然被人認出來時，我還是覺得很訝異，即使這種情況越來越常發生。

「唔……我可以占用一點時間和你聊聊嗎？」他問。他顯然知道我不急著登機，因爲我才剛買了一杯茶，並且拿著 **iPad** 坐在我的位子上。

「當然！你何不坐下？」我指了指身旁的空位，熱情回應道。

「順帶一提，我叫榮恩。」他說著，伸出手，邊坐下邊和我握手。

「榮恩，很高興認識你。這位是我的先生丹尼。」我朝坐在另一邊的丹尼比了比。

「丹尼，你好！很抱歉占據你太太的注意力。」

「別擔心，榮恩，我習慣了。」丹尼一派輕鬆地回應道。

「我不敢相信居然有這種緣分。我就是在這裡買了你的書《死過一次才學會愛》。」他把書拿出來，那本書看起來像是被翻了又翻，書頁都捲起來了。

「幾個月前我就讀過好多遍了，但這趟航程我又帶上它，把它再讀一遍。」他解釋道：「我一邊讀，一邊想著所有想要問你的問題——如果有機會碰到你的話。而你現在就在這裡，我還是不敢相信！」他難以置信地說。

儘管這種事越來越常發生在我身上（大家用意念要我出現在他們的人生中，然後我還眞的出現了），然而一旦碰上，還是會令我手足無措，難爲情地說不出話來。丹尼過來救我。

「歡迎來到我們的世界，榮恩！自從艾妮塔和死神擦身而過，我們的人生似乎就充滿了共時現象，多到我們甚至不再覺得怎麼會這樣了。每天早上醒來，我都問她：『所以，你今天打算顯什麼神蹟？』然後我就綁好安全帶，準備迎接又一天的驚奇歷險記！」

榮恩哈哈大笑，立刻顯得自在起來。

他回應道：「嗯，我確實相信人世間沒有意外，在一切的背後都有一個更大的目標，往往超乎我們所能想見。所以，在這裡遇到你，似乎就是那無限擴大、無邊無際的意識的一部分，也就是你在書裡雄辯滔滔的東西。」

我微笑道：「儘管問我你想問的問題吧！倘若在我的下一本書裡看到你自己的故事，請別訝異。」榮恩先是大笑，接著望著地面，陷入糾結的情緒裡。

活在內疚中的男子

「我太太翠西，六個月前過世了。」他開始娓娓道來：「我一直很難接受這件事。我還是好想她！我不知道自己有沒有克服喪妻之痛的一天。」

我由衷爲他的遭遇難過地說：「很遺憾聽到這件事！哀傷沒有時限，你需要多久，就給自己多久的時間，並且不要爲了還沒準備好展開新生活而苛責自己。」

我總是很訝異多數宗教或信仰是那麼注重喪葬儀式，但卻鮮少對遺留下來的人提供療傷止痛的協助。不管用什麼辦法，這些遺族總得處理心愛之人離世的失落、痛苦和空虛。

「現在請好好照顧自己，這是你的首要任務。翠西一定也希望你能好好照顧自己。」我希望這麼說有幫助，但我感覺到他還有所隱瞞，還有更深一層的問題困擾著他。彷彿接到暗示一般，榮恩又垂下頭望著地面。

「雪上加霜的是……」他幽幽地說：「是她結束了自己的生命。她自殺了！為此，我眞的很內疚。」

原來如此。

「就在這時，有人送我你的書。」他重新迎視我的目光，繼續說道：「一開始，我眞的很怕把書打開。我不知道自己會讀到什麼東西，所以我很害怕。我滿懷愧疚，深受罪惡感的煎熬，因爲在一天夜裡，翠西趁我出差時，服下過量的藥物。我好恨自己什麼都沒察覺到，以至於沒能阻止她！我從那晚之後就睡不著覺。」

我的心與榮恩同在。現在，我深深感受到他內心沉甸甸的愧疚與哀傷，眞希望我能把手伸進他心裡，把那些壓在他心頭的沉重情緒抹除掉。處理哀傷就夠困難的了，罪惡感又爲整個療傷止痛的過程平添更複雜的問題。

「一天，有人寄了一封電子郵件給我，裡面附上一支影片的連結，那是你的其中一支影片。」榮恩繼續說道：「既然有人給我一本你的書，又有人寄了你的影片連結給我，我就當這是一種徵兆，代表我非聽聽你的分享不可。我先從看你的影片開始，從中得知我太太現在可能很好，她不會因爲選擇自我了斷而受到審判，我覺得很欣慰。這也是我最大的恐懼之一——她恐怕會受到懲罰！

「看過影片之後，我讀了你的書。我愛這本書！它甚至給我更大的安慰，我覺得很感激。接下來，我就把網路上所有你的訪談看完了。我開始 google 你，如饑似渴地聽取你說的每一句話。但在聽過你的分享之後，就算覺得好過了一點，我還是有很多問題。而且，我實在不知道該怎麼處理內心的愧疚。」

他的眼裡開始湧出淚水，於是我伸手到包包裡，拿出一張面紙遞給他，說道：「喔，這段時間眞是辛苦你了。我很遺憾聽到這一切。」他接下面紙轉過頭去，趁著淚水還沒從臉頰滾落，悄悄拭去。

逝者一直與我們同在

當下，雖然我很爲榮恩感到難過，但看著他的遭遇，也讓我很感激有丹尼在我的生命中。即使我已嘗過死亡之福，但沒有丹尼而獨活在這個人世的光景，我連想都不敢想。所以，在那個當下，我知道向榮恩保證他太太去了更好的地方是不夠的，那不足以減輕他的內疚與悲傷。

我和其他失去心愛之人的人談過，從這些談話經驗中，我得知死亡對我們是天崩地裂的打擊。死亡把我們的世界搞得天翻地覆，我們活著的目標和重心都被打亂了。人生劇烈變動，我們無法想像一個沒有心愛之人存在的未來。許多人活著的目標完全圍繞著心愛之人打轉，心愛的人沒了，他們心目中的人生也不復存在。所以，我知道就算引用一些很有智慧的話，也幫不上榮恩的忙。我感覺得到榮恩需要的不只如此，他需要能支撐他走下去的力量，而我要小心別說一些空話。

「她不要你爲了她所做的事內疚。」我告訴榮恩。

「眞的嗎？你確定？」他充滿希望地睜大眼睛說。

「眞的。我確定。」我說：「在我脫離了形體之後，我感覺到的就是對我全家每一個人的愛，徹底的愛，無條件的愛，我一點也不要他們爲了我而難過。我要他們快樂。沒有什麼比看到他們快樂更讓我高興的了。我可以向你保證，那就是翠西現在的心願。她要看到你快樂。這是所有我們心愛的逝者一致的心願。如果翠西現在想對你說任何話，那麼她想說的就是，她做的事並不是你的錯。她那麼做是出於自身的痛苦，以及她對自身痛苦的無能爲力。這一點，我很確定。」

我看到榮恩臉上露出一絲如釋重負的神色，但幾乎立刻就消失了。他補充道：「但我們在她輕生前才剛吵過架。我好恨自己跟她吵架！我的腦袋一直繞著各種假設情況打轉——要是我們沒吵架呢？要是我不跟她吵架，而是跟她說我愛你呢？她是不是就不會自殺了？」說著說著，他的目光又回到地面，接著幽幽地說：「何況就算她現在眞的去了一個很棒的地方，我也沒有最後的機會跟她說我愛她了。」

「你還是可以跟她說，我發誓她一定聽得到。」我堅持道：「任何未竟之事，你都可以解決。就像她在這裡一樣跟她說話，她其實已經知道你的心思和心意了，但你直接對她說，會對你有幫助。找一個安靜的地方，她什麼都聽得到。當我脫離我的軀體時，我先生在想什麼，我都聽得到。我知道他所有的思緒，也知道他有多愛我。我對他的感覺只有無條件的愛。我知道翠西現在對你的感覺也是一樣。如果她此刻有辦法和你溝通，我確定她會想讓你知道。」

我停頓一下，再補充道：「我不相信有任何人會在時候未到就離開人世。我不認爲她的離開和你有半點關係。自殺的人不會只因一次爭吵就自殺，事情肯定要複雜得多，有許多不同的因素牽涉其中。即使你們沒吵架，或甚至你剛好就在當天跟她說愛她，遲早還是會有什麼事觸發她自我了結的衝動。這件事比較是跟這個人對自身經歷的解讀有關，亦即她怎麼看待這個世界以及她在這世上的位置，而這超乎你所能控制。

「從她現在所在的地方，她會希望你找到平安與快樂。」我繼續說：「她無條件地愛著你，沒有什麼比看到你快樂更讓她欣慰的了。」

死後沒有審判

榮恩的表情看起來釋懷許多，但他接著又問：「那死後的審判呢？從小到大，我都相信自殺要背負很嚴重的後果。雖然我在訪談裡聽你說過很多次不是這樣，有時候我還是爲她感到害怕。你怎麼確定她沒有受到審判？」問出這個問題時，摻雜著難過與擔憂的神色又回到他臉上。

「絕對沒有死後審判這回事，尤其是對自殺來說！」我向他保證道：「有些人在彌留之際會看到所謂的『人生跑馬燈』，但到最後剩下來的只有無條件的愛。一個人必然是痛苦至極才會離開這一世。到了下一世，他們不會再受到更多的懲罰。如今，她所在的地方只有無條件的愛與慈悲。相信我，我眞的知道！」

「聽你這樣說，我就放心了。」榮恩回應道：「但我也聽過有些人的負面瀕死經驗，在短暫置身於另一個世界的過程中，他們經歷到的是黑暗，或眞的很駭人的景象。有時候我很爲翠西擔心，我希望她不會因爲自己的舉動而遭到這種報應。我想這才是我最擔心的地方。」

「我知道對有這種負面經驗的人而言，他們的經驗很眞實。」我說：「我也絲毫不想否定其他人的經驗，但我眞的很想向你證明，每個人最後都會去到一個美好的地方！研究瀕死現象的專家再再強調，很少人有眞正負面的經驗，這些人往往依舊受制於這一生當中累積的恐懼。你也知道充滿恐懼的人生是什麼樣子！許多人在成長過程中不斷被灌輸殘害人心的恐懼，有時在突然死亡的情況下，我們會把這些恐懼帶到另一個世界去。然而，如果我們在那個世界逗留得夠久，這些恐懼就會化於無形，因爲我們脫離了自己的慣性思維，重新和我們眞正的本質合一，而我們眞正的本質就是無條件的愛。在那樣的狀態中，我們感覺到的是慈悲、無畏和徹底的接納。」

說到這裡，榮恩的表情變得嚴肅。「翠西對死亡很恐懼，對死後也很恐懼。」他和我分享道：「她小時候過得很辛苦，受虐的童年把她摧殘得一蹋糊塗，結果導致她做了一些不該做的事。關於地獄和因罪受罰，她的成長背景灌輸她一些很強的宗教信念，因此她常覺得自己死後會受到神的懲罰。我希望現在的她不再因爲個人的信念而自苦。」

跳脫宗教對死亡所灌輸的恐懼

由於自身的瀕死經驗，我常常很讚歎人類是多麼富有想像力。數千年來，我們發明了各種故事來解釋死後的境況。就跟翠西一樣，在歷經瀕死經驗之前，我本來對死亡就充滿恐懼，深怕因果報應。事實上，我深信我的癌症就是因果報應的結果。所以，我大半輩子都努力確保自己在死後有善報。但那些善行往往不是出於愛、同理與慈悲，而是出於對惡報的恐懼。

瀕死之時，我不僅沒有形體，也沒有種族、文化、性別和宗教。我這一生在有形世界累積的層層信念和價值，全都淨除一空。我很訝異地發現，所有這些有形人生的身分認同，都和我那無窮盡的自我無關。所以，如果我那無窮盡的自我並不包含這些元素，那麼在把這一切都淨除以後，剩下來的是什麼？剩下的不是一個什麼都沒有的我，事實上，剩下的反倒比本來有的大上很多很多。剩下的是純粹的本質、純粹的意識、純粹的愛、純粹的神性。隨你怎麼稱呼它，但說眞的，我的感受沒有言語可以盡述。我體會到的只有對自己和每一個人的愛、同理與慈悲，無論來到我生命中的人表面上是傷害了我或幫助了我，我明白到就連那些看似傷害了我的人，在冥冥中也以正面的方式推動我的人生更上一層樓，即使我在當時的感受並非如此。

我也可以說這個過程是我的「人生跑馬燈」，但這種說法實在不足以描述那種極樂至福的境地。我覺得沒有痛苦、沒有氣憤、沒有評斷與批判（無論是對自己或他人），也沒有罪惡感。我純粹就是覺得安心，覺得被愛。

還記得在回到我的人生和軀體之後，我很納悶爲什麼從來沒人告訴我們，我們是如何無條件地被愛，我們是多麼純粹、多麼不可思議、多麼強而有力，又是多麼了不起。爲什麼沒人告訴我們沒有死後審判這回事，我們最該著重的焦點是愛，而不是對受到懲罰的恐懼！但話說回來，誰又會告訴我們這些？我們多數人其實不知道死後之事，甚至那些教導他人死後之事的人也不知道。我們只知道文化或宗教信條教給我們的東西，而這些信條是數千年前不同時空背景的人所寫下的。

相信有死後審判這回事，眞的會改變我們度過這一生的方式，而且往往不是好的改變。這種信念讓人活在恐懼中，一直很害怕自己到另一個世界之後的下場。於是，我們之所以行善，是出於對死後受到懲罰的恐懼，並不是出於愛與善意，而恐懼並不是愛。

在瀕臨死亡的過程中，我如果對自己做錯的事有任何懊悔，那都是來自我內在的評斷，而非來自外在的審判。以我的經歷而言，並沒有什麼脫離我而存在的審判者。並沒有一個審判者一直盯著我，等著看我搞砸，一旦我搞砸了就會懲罰我。我們受到社會的制約，以爲自己受到來自外在的監視與評斷，因爲我們活在一個二元對立、內外相對的世界中。但在一體不二的世界裡，只有純粹的意識、純粹無條件的愛和徹底的接納。沒有相對於我們而存在的外在，一切都合而爲一，一切都爲我們所知。我們明白到受害者和加害者都是一體意識的一部分，不分彼此，只有「我們」，沒有「我們和他們」。我們都是同一枚硬幣的兩面。

但願我早點明白這個道理，但願我沒有被灌輸死後審判與懲罰的觀念，導致我對死後充滿恐懼。但願我被灌輸的是對自己和芸芸眾生的同理與慈悲，乃至於我們全都一體相連、彼此互相影響的觀念。

冥冥中的指引

坐在洛杉磯的機場，我努力將這一切傳達給榮恩。

「我知道翠西現在很好，眞的很好，不用懷疑！」我向他保證：「我也知道我們之所以在這裡偶遇，是冥冥中受到了她的指引。或許，她就是要藉由把我帶到你面前，讓你知道她很好，也讓你重拾生活的平靜。你要做的就是竭盡所能把自己照顧好。她很好，但她還是很在意你好不好。」

「謝謝你！我眞的很需要聽到你的說法。」榮恩如釋重負地說。他的樣子有了明顯的轉變。我看得出來我們的談話眞的談到他的心坎裡。

「很高興幫得上忙！」我說：「我也很確定她還繼續守護著你。我們心愛的人眞的會守護我們。如同我之前說的，翠西聽得到你跟她說話，所以現在和她聊也不遲，你可以當成她人就在這裡跟她說話。任何在她生前沒機會說的話，都可以暢所欲言。我確定這種做法對你而言很有宣洩的作用，我非常鼓勵你這麼做。事實上，想跟她聊多久就聊多久，不過可能要趁你獨處的時候，免得旁人當你是瘋子。」我試圖注入一點幽默地說。

「大家已經當我是瘋子了，所以沒差！」榮恩笑道。

「歡迎加入瘋子俱樂部！」我說。我們倆接著就雙雙大笑起來。

「順帶一提，我還滿確定翠西會試著跟你溝通。」我補充道：「她會想讓你知道她很好。在萬籟俱寂的時分，你可能會開始感應到她的存在，直覺會告訴你她想讓你知道的事情。」

「事實上，我現在已經三不五時就會感覺到她的存在。」榮恩有點興奮地說：「聽完你的其中一支訪談影片之後，我開始覺得比較好過，心情稍微能夠放鬆一點了。從那之後，我就感覺好像冥冥中受到她的指引。我甚至覺得是她指引我去看你的影片，彷彿她知道我聽完你的演講後會比較好過。」

我感覺自己微微臉紅起來。

「我好高興能成爲你太太幫助你的媒介！」我由衷感激地說。

這時，登機門的工作人員彷彿接到指令一般，宣布前往聖荷西的班機開始登機。丹尼轉頭過來對我們說：「很抱歉打斷你們，但我們現在要登機了。」

我感覺得到榮恩的輕鬆愉快，和稍早我碰見他時的心事重重形成強烈對比。我知道他重獲的喜悅不僅來自我的話語，更來自他現在知道他太太還是在身邊指引著他。更有甚者，這天他可能就是在她的帶領之下遇見我，如此一來，她就能讓他知道她眞的很好。

我們從座位上起身，榮恩看著我說：「我不知道該怎麼表達我的感謝！」

「你已經送上謝禮了。」我淘氣笑道：「你給了我下一本書的其中一章！」

「只要你覺得能夠幫助他人，就儘管用我的故事當題材吧！」他眞誠地說：

「你不只有我的允許，還有我的祝福！」

我們互相擁抱，我注意到他又熱淚盈眶起來，彷彿他知道太太就在這裡。丹尼和我開始朝登機門走去，消失在轉角步上空橋之前，我最後再對榮恩揮了揮手。

我很苦惱有這麼多人都受到制約，懷著對死後審判的預期和恐懼。更有甚者，我們在害怕時尋求解答與安慰的對象，正是將這種錯誤信念延續下去的組織團體，彷彿這些組織團體要藉由恐懼約束我們，確保我們不會傷害他人。但依據我的觀察，從我們這個星球的狀況和急遽增加的監獄看來，死後審判的理論似乎沒有發揮作用。

事實的眞相是，我們就是愛，我們都無條件地被愛，我們都是一體相連的。我相信，認清這些眞相有助於我們對彼此心懷眞正的同理與慈悲。若能發自內心體認到這些眞相，我們對自己、對彼此、乃至於對這個星球，就會有更多基於善意與敬意的善行。我們看待生死的心態也會充滿愛，而不是充滿恐懼。這是我最誠摯的希望。

破除「死後的審判與懲罰必然會發生」的迷思

如果「我們死後將為自己的罪行受到審判與懲罰」是種迷思，那麼真相是什麼？

想想這些可能的真相：

- 在另一個世界，只有無條件的愛和慈悲為我們每一個人而存在，我們在世上做了什麼、沒做什麼，都不會受到審判與懲罰，包括那些以俗世二元論來看罪大惡極的行為，例如自殺或甚至謀殺。
- 我們無窮盡的自我（亦即在另一個世界的我們），完全不帶有俗世裡的任何身分，像是種族、性別、文化或宗教。我們不會也不想把這些元素帶到另一個世界。

- 到了另一個世界，我們不會感到痛苦、憤怒、愧疚、恐懼，也不會受到審判。那裡只有徹底的理解、完全的接納、無條件的愛，以及與萬事萬物的神聖本質合一的極樂至福。

實作與練習：

- 請心愛的人給你指引，觀察冥冥中的徵兆。他們確實還是快快樂樂地存在於另一個世界，而且他們想讓你知道他們還是非常愛你、關心你。徵兆因送出訊息的人而異，可能是出其不意地出現一隻動物，或動物有什麼不尋常的行為；也可能是沒人按開關，電燈卻亮了；抑或是雲朵的有趣形狀莫名讓你想起逝者；心愛的人也可能出現在你夢裡。越能抱持開放的態度，越能提高警覺去注意，你就越有可能認出像這樣的徵兆。

● 要知道每個人在當下都憑著可用的資源盡力而為了，要學會對這樣的自己和別人懷著更深的慈悲。

● 你最容易論斷別人的地方，或別人最容易論斷你的地方，主要是跟論斷者本身未能修復的創傷有關，而與被論斷的人無關。要知道在另一個世界無所謂論斷，我們都同時是同一枚硬幣的兩面。

● 注意一下，最有效的教養不是來自懲罰孩子的錯處，而是來自嘉獎孩子做對的地方。反思一下何以如此，更廣義的罪與罰又是否都是同樣的道理？

問問自己這些問題：

● 我是不是會安慰自己說，那些對不起我的人死後會「得到報應」？我願不願意放棄這種沒有根據的想法，轉而擁抱我們全都一體相連的事實？（我們同為一體，所以我對他人的詛咒，其實也是對自己的詛咒。）

● 我能不能接受：當我判定自己在某方面有所不足，我其實是在懷疑宇宙的完美？

● 如果我現在性命垂危，我會想跟被我留在有形世界的人說些什麼？我想跟他們分享我內心的哪些部分？我可以跟他們說什麼，好讓他們比較能夠承受我離開人世的事實？

我知道我對自己和心愛之人的死亡不再恐懼，當……

● 我知道死亡不是終點，在心愛的人離世之後，我總有某個時候會再看到他們，甚至和他們溝通。反之亦然，當我自己離開人世之後也是如此。

● 無論我們在有形世界的關係是什麼，我由衷為去到另一個世界的人高興，我知道他們置身於純粹的喜悅、平靜與無條件的愛之中，而他們也希望我能有相同的心境。

我對自己和他人沒有評斷與批判，只有同理與慈悲。無論我們在人世間說過什麼、做過什麼，我明白我們都是一體相連的，我們都是神聖之愛的展現。

迷思 8

靈修就是修到沒有小我

一個完美的話題

「我不懂。」珍妮說：「多數的身心靈課程都教導我們，小我阻礙了身心靈的成長，我們需要學會克服或超越它。你是唯一一個說要擁抱小我的人！這件事你作何解釋？」

我在美麗的英格蘭鄉間帶領靈修營，珍妮是女性學員之一，她問這個問題沒有任何冒犯或挑釁之意，純粹是眞心想要理解我的觀點。

「很棒的問題！」我回應道：「許多人都問過我，而且大家對『小我』一詞的涵義有很多互相衝突的意見，所以我能理解你的困惑，也十分高興你提出來。」

在伯格島一家飯店舒適的餐廳裡，我們大約二十五人圍在壁爐前。伯格島是英格蘭德文郡南部沿海一座小小的陸連島，我在舒馬克學院帶領五天的靈修營，學院位於附近的達汀頓村，是一所轉化學習、永續生活和全人教育中心。當天稍早，我們一行人從學院搭公車到靠海的比格布里村，去德文郡海邊走走。到了那裡，我們沿著美麗的沙灘散步，很快就踏上連接伯格島的離岸堤道。我們花了大約一小時到處走走看看，把宜人的自然景色盡收眼底，但接著就漲潮了，連接英國本島的步道被海水淹沒，我們困在離島上。

水不深但很冷，所以我們沒人想涉水回去。我們選擇到伯格島飯店裡等，那是一家古雅別緻的老飯店，建於一九二九年，飯店提供渡海高架車的服務。渡海高架車是一種機動車，用一個高台載運乘客涉過淺淺的海水。飯店經理解釋說我們可以在晚上六點左右搭車，也就是要再過兩小時。我們盡量靠近壁爐聚在一起，經理送來一大壺又一大壺熱騰騰的茶，以及一托盤又一托盤的杯子。我們舒服地坐著喝茶，珍妮就在這時提出她的問題，給了我們一個用來打發時間的完美話題。

小我等同於自我中心？

「那麼，珍妮，爲了更確切地回答你的問題，我們先來釐清一下『小我』一詞的涵義。對你或在場的各位而言，小我是什麼？」我把話題開放給大家一起討論。

「我尤其想要了解你所謂『小我阻礙了身心靈的成長』是什麼意思。」

「這些年來，從各式各樣的身心靈教誨中，我學到靈修的目的就是要克服或超越小我。」珍妮開始娓娓道來：「我的理解是，小我是我們內心害怕去愛、需要比別人好的部分。膨脹的小我導致自尊自大的結果，使得我們否認自己的缺點，要是有人試圖指正我們，我們就會心生防衛。換言之，小我告訴我們：一切的錯都是別人的錯，從來不是自己有錯。相反的，若能克服小我，我們就不會那麼自我陶醉；我們會更懂得關注他人，也更加慈悲而富有同理心。」

接著，凱西加入討論：「我總是被灌輸要約束小我，否則就會滿腦子只有自己。擁有一個膨脹的小我意味著過度高估自己，而這被認爲是一件壞事。」

「謝謝你們兩位的說明。」我回應道：「你們所陳述的也是我有過的想法！但歷經瀕死經驗之後，我的理解不同了。置身於另一個世界時，我領悟到我在這個俗世的每一部分都有必要，我才能在這裡生存下去，並且發光發熱。包括我的情緒、我的心智、我的小我，缺一不可。小我給予我們身分認同和個體性。作爲一個獨特的個體，它讓我們知道自己是誰，也讓我們表現出自己的獨特性。如果小我沒有存在的必要，它就不會是我們與生俱來的東西。

「即使我們都是一體相連的，如果沒有小我畫出人我界線，我們就很難在這個有形世界裡運作。我們需要小我才能做出區別，就好像我們學會區分綠色和藍色，或香草和巧克力。事實上，若不是有這種區別的能力，讓我們透過比較和對照分辨出差異，在這世上就什麼都不存在了。」

「但難道對小我的認同太強不會導致自我膨脹嗎？」布蘭達問。我不禁會心一笑，因爲這正是很多人卡住的地方，也是我自己在瀕死經驗之前卡住的地方。我知道我接下來要說的話，有可能一百八十度改變他們的想法。

否認小我所造成的反效果

「如果這些說法其實都不成立，而相信了這些說法只是阻礙我們認識自己、愛自己呢？」我反駁道：「對自己的評價很高，乃至於對其他每個人的評價都很高，有什麼不好嗎？這兩者並不相違背。事實上，自尊低落只會讓人我關係的難度更高！」

「我想我明白為什麼我這麼難愛自己了！」莎莉突然說：「因為我受到制約，以為愛自己是一種自我中心的行為，而自我中心在我眼裡是不好的。我怕如果我愛自己，就會被說是自我中心。」

「沒錯！」我興奮地說。我知道我們就要進入重點了。

「如果小我其實不是敵人呢？如果小我必須加以避免和壓抑的信念才是癥結所在呢？我發現，必須不惜一切否認小我的信念反而收到了反效果，結果是我變得執迷於小我，因為我老是在關注它、否認它、遏止它、限制它、阻撓它、操控它。這導致我用盡各種辦法壓抑自己，使得我沒辦法表現出眞正的我。

「然而，越是愛自己，越是擁抱小我，越是明白它是我在有形世界不可或缺的一部分，我的眼界就越容易超越小我的侷限，覺察到無限的自我——那是同時既包含又超越小我的自我。」我繼續說明道：「如果越愛自己，就越不需要透過膨脹、誇耀或吹噓來強化小我呢？眞正的愛自己，意味著我不覺得有需要捍衛和保護小我，也就不那麼需要別人來愛我，或要別人以特定方式來滿足及取悅我的小我——如果是這樣呢？這是我親身體會到的眞理。我越愛自己，就越不會把自己和小我畫上等號，因爲我知道自己遠遠不止如此，無論有沒有小我，我都是存在的。」

「你是說，小我讓我們知道自己是誰，也讓我們和別人區隔開來？」亨利問道：「表面上看起來很矛盾，所以我還在試著消化。一方面，我們要知道自己和其他所有人都是一體的；另方面，與生俱來的小我又畫清了人我之間的界線。爲什麼這麼複雜？要麼就是一體的，要麼就是分開的，難道不該是這樣嗎？爲什麼我們要夾在這兩者之間？」

我們既是一體，亦是眾多個體

我說：「就絕大部分而言，在有形世界的我們並不需要夾在這兩者之間，因爲絕大多數人甚至體會不到自己與萬事萬物是一體相連的。我們自認獨立存在，而且獨一無二。置身於另一個世界時，我處於一種我稱之爲『一體不二』的狀態。這意味著那裡沒有區別，只有圓融的一體。在那裡，我們都是純粹的愛、純粹的意識，我們都是同一個整體。我和其他萬事萬物完全合而爲一。沒有人我之分，只有完整的共感。

「同時，我也知道自己是一個獨特的存在體，而且我很容易就能認出我的父親和我最好的朋友，乃至於其他的存在體。他們也都是鮮明的個體。這似乎很矛盾，可是在那個世界感覺起來並不矛盾。一切全都天衣無縫地融合在一起。有點像是看著可見光譜中的紅色，無數的顏色都在同一條光譜中蕩漾，我們看得出來紅色不是橘色或黃色，但看不出它們彼此間確切的界線，沒辦法精準地劃分每一種顏色。在那裡的情況就是如此。我和其他人都是獨特的、可辨識的，但我們之間沒有界線。

「一旦有了形體，我們就有意識以及小我，這就是爲什麼我們稱這種狀態爲『二元對立』。」我繼續說：「但在一體不二的狀態中，我們是純粹的意識，只有一個整體。在那種狀態中，我們不會有界線分明的痛苦和快樂，也不會有非黑即白的喜悅和哀愁，因爲所有的情緒、感受或經驗都不是區分開來、獨立存在的現象。

在無形世界中，我們體會到的是無條件的愛，芸芸眾生、萬事萬物的所有情緒和經驗都融合在一起。從這個全面合一的整體散發出來的，就是無條件的愛。但在有形世界中，我們必須知道不快樂的感受是什麼，才能感受到快樂；我們之所以有痛苦，是因爲我們知道什麼叫做沒有痛苦。我們有兩相對照的參考點。

「在一體不二的狀態中則沒有參考點，沒有對立面，只有一個整體和無條件的愛。這意味著沒有什麼是相對於我們而存在，一切就只是存在。在我感覺起來，彷彿我們其實是選擇來到這裡，以便體驗一個有所分隔的世界。而要認識這個世界、體會在這個世界中的感受，小我絕對不可或缺。要是沒有小我，我們就會回到一體不二的狀態，只有一個整體，只有純粹的意識。」

「我懂你說的意思。」梅莉莎插話道：「多數精采的戲劇和電影都有正派和反派。如果只有其中一方、沒有另一方，觀眾就沒辦法認識這些人物。如果反派沒有他們要反的對象，你就不知道他們是反派，反之亦然。你需要兩者互相襯托出彼此的性格和天性。」

一直很安靜的琳達這時開口了。「我還是不太能接受！我先生的小我超膨脹的啊，我都快被逼瘋了。在他眼裡，他永遠是對的，每個人都要聽他的，他從不爲任何事情感到抱歉，永遠都是別人的錯！我實在很難坐在那裡看他『擁抱小我』！」聽到琳達激動的發言，大家不禁哄堂大笑。

莎莉附和道：「唷！你先生聽起來跟我老公一模模一樣樣！」我們又全體大笑起來。

我說：「那麼，琳達或莎莉，如果你們要跟另一半談小我的問題，請他們學著收斂一點，你們會怎麼做？」

「這就是癥結所在。」琳達惱怒地說：「他拒絕承認自己小我膨脹！他就是沒有自知之明！我們其他人只能忍受！」

「如我所料。」我回應道：「我還不曾碰過有誰看得清自己的小我。」

莎莉問道：「所以，面對小我膨脹得像房子一樣大的人，要怎麼跟他們談？你有沒有什麼好主意？光是想像叫他擁抱小我，我就覺得無法忍受。他會變得無可救藥吧！他現在就已經夠嚴重的了！」屋裡再次充滿笑聲，許多人開始分享自己如何對付各式各樣膨脹過度的人。

維持小我和覺知的平衡

「好，我們來發揮一點想像力。」針對小我所扮演的角色，我想到可以用比喻的方式來說明，於是我說：「姑且跟我一起想像一下，我們一生下來，小小的拳頭裡就握著一個遙控器。遙控器上只有兩個控制鈕，沒有其他東西。這兩個控制鈕看起來有點像老式收音機上的音量鈕，外圍標了一圈從零到十的刻度。但它們控制的不是音量，而是『覺知』和『小我』。假設這兩個控制鈕的數值生來就設定在十，我們來到這世上就是要把音量全開，我們先天就有強健的小我和有意識的覺知。

「覺知鈕全開，意味著我們很清楚自己和宇宙的關係，也很清楚自己和芸芸眾生、萬事萬物的關係。我認爲我們確實生來就知道自己最深切的渴望，也知道自己爲什麼會受到俗世人生的召喚，而被吸引到這個有形世界中。當我們到了這裡以後，至少在最初幾年，我們還是感覺得到自己和無形世界之間的牽繫，那裡有我們心愛的人，我們內心聽得到他們的低語、指引與懇求。他們要我們別忘了自己是誰，也別忘了自己從哪裡來。

「然而，過不了多久，外界的雜音就掩蓋過內在的低語，通常是因爲旁人的好意，也有時不盡然是好意。很快的，我們開始吸收旁人的恐懼，他們錯誤地教導我們如何在『眞實世界』生存及成功。在教導我們如何成功的同時，他們也促使我們切斷對其他人的同理，以及我們和其他萬事萬物的關係。他們更斷然表明，我們不是來自什麼無形世界，和無形世界有所牽繫的感覺只是我們虛幻的想像。所以，學習在有形世界找到方向的同時，我們開始關掉我們的覺知。換言之，有意識的覺知所發出的音量被我們調小了。

「但在覺知鈕調小聲時，小我鈕還是開到最大聲，於是我們的小我和我們對他人的覺知就顯得不成正比，這時就開始有人指責我們的小我超膨脹，正如你們所談到的某些人一樣。」我調皮地眨眨眼睛，補充道：「所以，不是他們的小我超膨脹，或者他們變得更自我中心了，純粹是他們的覺知鈕調得太小聲，而他們的小我鈕還是全開，才會呈現出他們給人的感覺。這種失衡的狀況很常見，而且這種失衡會導致我們失去與整體的連結。我們對周遭人事物的同理關成靜音了。我們相信小我就等同於我們是誰。

「在成長的過程中，旁人總是好意叫我不要以小我爲中心，或以小我爲本位。尤其是在我的文化裡，身爲女性，從小到大，旁人都要我壓抑小我、控制小我。旁人從來不鼓勵我表現出我的個體性。我不應該比我未來可能的丈夫更成功、更聰明或更受歡迎。要是我很成功、很聰明、很受歡迎，我就很難找到對象。在我的文化中，女性到了一定年紀還嫁不掉，就要受到嚴厲抨擊。所以，基於人言可畏，爲了迎合旁人、融入周遭，我把小我鈕關到趨近於零。

「結果是，我的兩個控制鈕都調到眞的很小聲，我與生俱來的聲音只發出了很微弱的音量。我沒有盡情表現自己，或允許自己做本來的自己。我把自己當成腳踏墊，讓別人把我踩在腳底下。我深怕受到批評，深怕被貼上自我中心的標籤，於是我總把自己排到最後面。我縮小自己，讓別人坐大。年復一年下來，這種對眞實自我的壓抑，終於以癌症的形式爆發出來。」

請先認識你自己

「這就是爲什麼我相信這兩個鈕同等重要。」我繼續說：「就跟把覺知鈕調小一樣，把小我鈕調小也對我們有害。並不是說我認爲只要不盡情表現自己就會得癌症，絕對不是這個意思！而是說小我幫助我們認識自己是誰，以及我們爲什麼來到這裡。沒有人能比我們更了解自己。只有我們能貼近自己內心最深的地方，而在內心深處，我們其實很清楚自己是誰，也很清楚我們爲什麼來到這世上，又需要些什麼才能讓我們處於最佳狀態。事實上，認清這一切能大大減少我們爲了討好每一個人而造成的創傷和糾結，讓我們不至於在過程中迷失了自己。

「然而，社會卻不鼓勵我們問這些問題、探索自己是誰。一旦開始上學，父母師長就教導我們，沉浸於自我探索既奢侈又浪費時間，因爲對自己這麼感興趣是一種自我中心的行爲。結果導致很多渴望深入認識自己的人很快就作罷，不再多加探究，因爲害怕受到批評。如此一來，我們持續把小我鈕調低，壓抑住眞實的自己，以致我們越來越失衡。」

「謝謝你的說明。」亨利開口道：「我現在明白小我和覺知都有必要，而且我們必須把這兩者都調到很強，才能徹底體驗人生。」他看起來是發自內心地高興，我也很開心自己能解釋給他聽。

「我相信在我們能爲自己和他人所做的事當中，最重要的莫過於自我覺醒！」我繼續說：「所謂認識自己，就是知道什麼能讓自己快樂，什麼不能讓自己快樂。所謂認識自己，就是擁有充分的覺知，懂得如何爲自己選擇一條通往愛與幸福的道路。所謂認識自己，也意味著知道我們比自己一直以來所認爲的更廣大、更強大、更偉大。完全地認識自己、愛自己之後，我們就能把這份愛與覺知擴及他人。無論去到哪裡，我們都帶著一個充分覺醒、充滿喜悅、開到最大聲、受到妥善照顧的自我，而不是把一個恐懼、貧乏或失衡的自我帶給這世界。在我們能爲自己和他人所做的事當中，這是最棒的一件事了。」

此時，我注意到滿屋子一片沉默，連根針掉到地上都聽得見，大家似乎聽這席談話聽得入迷，屋裡唯一的聲音是壁爐火堆的劈啪聲。

我繼續說：「目前感覺起來，這世上像是充滿了自認無能、軟弱又恐懼的人，尤其如果你看看電視上播出的新聞！正因爲那就是他們對自己的想法，也所以當他們走出來和這個世界分享自己時，呈現出來的就是那副模樣。多數人從來不曾被鼓勵把兩個控制鈕全開、認識眞正的自己。

「所以，琳達，回到你的問題，要如何對付小我膨脹的人？如果有人把小我鈕開得很大聲，顯得過度以小我爲中心，那麼只要鼓勵他把覺知鈕也開大聲，兩邊的音量平衡一下，讓他再次感受到與其他每一個人的連結。責備他、叫他『收斂小我』不是辦法，只要鼓勵他提高對自己和他人的覺知就好。」

「有道理。」琳達說：「但我要怎麼做？」

「或許可以從問你先生幾個問題開始，比方說什麼能讓他快樂，什麼會令他嘆爲觀止。問問看他會怎麼做，如果他無所不能的話——他想去哪裡？實現什麼未竟的夢想？也問問看他的恐懼是什麼。如果一下子問他這些感覺太突兀了，那麼或許可以先和他約定一個時間。跟他說你想要每星期約一個晚上和他聊聊，接著就安排一個晚上，你們倆都把電子設備關掉，專心投入與彼此的談話，再利用這個機會問他我剛剛提議的問題。

「爲了不著痕跡地切入話題，一開始可以先告訴他，他在你眼裡有哪些正面的特質，你愛他的是什麼。」我補充道：「接著和他分享你的夢想與渴望，告訴他你覺得有趣的是什麼，什麼帶給你喜悅，什麼讓你覺得幸福快樂。接下來，他就比較容易敞開心扉，跟你分享他的想法和感受。

「如果你知道他的人生中有什麼事影響到他，例如他的母親最近剛過世，或許可以試著溫和地提起這件事，和他聊聊他的感受。你可以對他說：『我眞的很想念有她在的時光。有時我會想起她。你會嗎？我打賭你一定很想她！』

「切記如果他的小我鈕調得很大聲、覺知鈕調得很小聲，你得要很和緩、很輕巧地進入這些話題才行。但隨著時間過去，只要有耐心，你一定辦得到，而且相信我，這是值得的！」

「你的建議眞的很有幫助。」琳達興奮地說：「我想我做得到！你給了我期待，我迫不及待要回家試試看了！」

啓發兒童和青少年覺知的方法

「那如果是孩子呢？同樣的方法也適用在他們身上嗎？」這次發問的是香卓拉。「我家兩個青少年完全就是以小我爲中心，滿腦子只有我、我、我！同樣的方法也可以用來啓發他們的覺知嗎？」

「這方面的問題，在孩子身上處理起來更容易，因爲他們來到這世上還沒那麼久，所以他們更接近本來的眞我。」我開始說明：「幫助孩子調高覺知鈕的音量其實很有趣。當年幼的孩子提到想像中的朋友，或提到過世的祖母來拜訪他們，不要澆他們冷水，或跟他們說那只是想像。年幼的孩子很容易接受灌輸，一旦你說他們的遭遇不是眞實的、那只是他們的想像，他們就會對你說的話深信不疑，而你灌輸給他們的信念就會阻礙他們在這方面的體驗。畢竟，我們憑什麼斷言那不是眞實的呢？說不定根本不是他們的想像。他們可能眞的感應到心愛的人在和他們溝通、給他們指引。

「至於青少年，我會建議用體驗遊戲的方式來進行。假設你和孩子去採買日用品，你們看到一個坐輪椅的人。一旦確定離開那個人聽得見的範圍，就請孩子想想那個人要如何應付每天的日常活動，例如坐進車子裡、出門購物、洗澡或上廁所。跟孩子談得越深入越好，甚至可以請孩子寫下來，若能親身體驗又更好，就算只是體驗個一天之類的。接著就看孩子怎麼想出各種妙點子，把這世界變得讓輪椅族更好過。他們想出來的點子就算不切實際也無所謂，重點在於鼓勵他們調高覺知鈕，體察他人的感受。

「改天如果看到街友，就問問孩子覺得沒有錢、沒有家、挨餓受凍、沒地方遮風避雨是什麼感受。再次請孩子深入去想，乃至於寫下他們會有什麼感受、打算怎麼做、要怎麼生存。你甚至可以問他們願不願意餓個一、兩天，沒什麼東西可吃，讓他們實際體驗一下餓肚子的感覺。

「在你和孩子之間，有很多諸如此類的對話可以進行，另一個例子是請他們設想一下被霸凌的滋味。在學校裡，那些老是因爲與眾不同而被找麻煩、遭到霸凌的同學是什麼感受？觀察孩子如何把覺知的觸角伸到固有的範圍之外。孩子會發展出將心比心的能力，你會栽培出一個敏感而富有覺知、率先爲弱者挺身而出的孩子！」

「很棒的辦法！」香卓拉說：「學校怎麼不把諸如此類的思考納入課程當中，反倒成天鞭策孩子彼此競爭、排斥異己？」

「但要很注意你的表達方式。」我補充道：「我絕對、絕對不會對孩子說：『你要更有同理心才對！爲什麼你不能替別人著想？你怎麼這麼自私！』孩子痛恨這種訓話，如此一來只會把他們越推越遠。我自己在長大成人的過程中就是被灌輸了這種思想。我以爲自己很自私，因而刻意收起鋒芒，不敢在這世上發光發熱。沒人想把孩子教成這個樣子！」

「很高興你解釋了關於小我的一切。」安靜了好一陣子的珍妮插口道：「大家往往期望身心靈導師已經超越了他們的小我，一旦他們顯得不是如此，大家就批判他們，更別提當我們的小我抬頭時是怎麼批判自己的了。但現在我明白了，要是沒有小我，我們其實不可能在有形世界活到極致，擁有一個強健的小我是有必要的。只要身在這個世界上，我們就要有小我才能生存，才能體驗我們來這世上所要體驗的一切。種種兩相對照的特質，構成了我們在這裡的現實，而那一切都是我們要去體驗的。我覺得眞的很有道理。」

「是啊！」我回應道：「身心靈圈和宗教圈普遍認爲必須克制或控制小我，搞得身心靈老師自己也很怕讓人失望——怕大家發現他們其實是有小我的。但如果能夠明白我們都是有小我的，而且對我們在這世上的體驗來說，小我是至關重要、不可或缺的一部分，那麼我們就可以更自在地呼吸，允許自己做自己，而不必努力裝成別人或別的樣子。說來矛盾，然而一旦我們接受小我、擁抱小我、明白小我存在的目的，小我就不再是個問題了。我們變得坦蕩蕩，不再需要助長、壓抑或否認小我。事實上，我們可以藉由對自己和旁人都很健康的方式享有小我。」

活出你的神性

「你一直提到要認識眞實的自己。」年約二十五歲、我們這群人中最年輕的詹姆斯說：「但那究竟是什麼意思？我們到底是誰？我們實際上是什麼？」

我答道：「這個問題其實比表面上看起來簡單得多。我但願孩子們在小的時候就學到這件事。我但願自己小的時候就學到這件事，而不是學到競爭、學到藏起眞實的自我。我們只要知道我們是神性的化身，此時此刻神性就透過這副軀體顯現出來。在這個三維空間的有形世界中，每一個人都是透過我們的雙眼展現出來的神性。

「當學校教我們彼此競爭——亦即我們的成績必須比別人好，才能考上比較好的大學、找到比較好的工作，因爲這世上資源不夠、機會有限——本質上，我們被灌輸的就是彼此分隔、單打獨鬥的觀念。我必須勝過你才能成功。我必須戒愼惶恐地看待你，因爲你的成功威脅到我的成功。有些人甚至變得很極端，出於害怕失敗的恐懼，他們想方設法陷害他人，好讓自己贏過對手。當我們的覺知鈕調到零、小我鈕卻調到最大值時，這就是可能的後果。在這種情況下，我們對他人的需求或感受無動於衷，我們無法超越自己的需求和恐懼去感受與他人的連結。

「但是想像一下，如果學校鼓勵我們把覺知鈕調到最大值；接著再想像一下，如果學校教我們的不是彼此競爭，而是互相合作，那麼我們會有一個多麼不同的世界！如果眞能如此，我相信我們對這整個星球，乃至於地球上的每一個居民，都能有更多的同理、尊重和愛。」

很多人都贊同地點著頭。我顯然是引起共鳴了。我停頓一下，因爲我想讓他們專心聽我接下來要分享的東西；對我而言，那是醍醐灌頂的領悟。

「我注意到，當我想起眞實的自己是誰——我就是神性透過這副軀體、這種個性、這個小我、這個文化、這份人生顯現出來的——旁人也會隨著我內在的感受有所改變，而做出相應的回應。」我繼續說：「我的處境改變了，我對各種情況做出的回應也改變了。我相信我們每一個人都有令人難以置信的力量，沒有一個人不具備這種力量。純粹是種種信念和制約，讓我們看不見自己內在這股人人都有的神聖力量。我們每天從早到晚都在呼吸自己的神性，也都在活出自己的神性，即使我們往往不自覺。我指的不是宗教組織所崇拜的神，所以對無神論者或沒有宗教信仰的人而言，我所說的神性也成立。對不信神的人，只要有助他們認識何謂最崇高的自我，把『神性』一詞代換成什麼用語皆可。」

屋裡再次一片靜默。我感覺到每個人都在消化我說的話。他們也知道如果自己願意接受，這絕對是能改變一切的眞理。

「我相信導致我罹癌的原因之一，在於我忘了自己的神性，忘了自己的神聖本質。我忘了我連同宇宙間的芸芸眾生、萬事萬物都是神性的化身，結果導致我沒辦法選擇一條通往健康與幸福的康莊大道。我把覺知鈕的數值調得太低，低到讓自己無路可走。

「然而，在瀕死之界，我突然想起我要做的只是做自己，並且活出神聖的眞理。我只要全心全意地相信我是神性在這世上的化身。只要做自己，我就是在體現此一眞理，我就是神性藉以在這世上顯現的無數媒介之一。這件事就算我每天提醒自己一百次也不嫌多。此時此地，就在這裡，就是現在，你和我是神性透過形體顯現出來的。沒有一種覺知比體認到自己的神性更重要了。」

為小我而來，為生命而留下

「聽起來眞的很棒！」黛博拉說：「但如果把覺知鈕完全打開眞有那麼好，而且似乎有助我們想起自己是誰、來自何方，那我看不出來把小我鈕調小有什麼不對。收斂小我能有什麼害處？肯定會讓我們成爲更好的人吧？」

「我能理解擁有高度的覺知和收斂的小我爲什麼『看似』能讓我們成爲更好的人，至少就它對旁人的影響而言。然而，我不認爲你能以那種方式生存在這世上。依我之見，小我是我們生存機制的一部分。」我解釋道：「若是有完全的覺知而毫無小我，那就跟我在瀕死時的狀態一模一樣。在那個沒有形體的世界，我很難把自己的身分、情緒等等和其他的一切區分開來。我對自己和其他人的情緒有著同樣強烈的感受。受傷的人有受傷的痛苦，傷人者也是因爲自身的痛苦和缺乏愛而傷人，兩者的痛苦我都感受到了。

「所以，在那種狀態中，我沒辦法區分好壞，因爲根本就沒有好壞之分。我對這個星球上的萬事萬物都懷著同理與慈悲。我對世上的每一個人都只有無條件的愛，即使是那些傷害了我的人，因爲我明白他們之所以那麼做，是出於自身的無知與磨難。活在這個世界上很難保持在那種狀態裡，因爲我們在人生的各個面向都隨時要應付其他人，那種狀態會讓你變得非常容易受傷。你會成爲滿腦子只有自己的人的箭靶，因爲你對他們只有無條件的愛，你隨時隨地都會感受到他們所有的痛苦。你需要一個有助你以個體身分存活下去的機制，否則你會完全迷失在他人的需索、痛苦與情緒當中。很奇妙的，在有形世界就已爲我們準備好這樣一個機制了，那個機制就叫做『小我』！」

當場有幾個人笑了，許多人邊點頭邊玩味著我說的話。

「如果其他每一個人也都把小我鈕調小，懷著有意識的覺知而活，我們或許就比較容易採取相同的做法。」詹姆斯開口道。

「或許精舍和道場背後的理念就是這樣。」香卓拉提出她的看法說：「創造一個大家都把小我拋開的環境，每個人純粹以有意識的覺知共處在一起。但既然如此，我們到底為什麼來到這世上？為什麼不待在一體不二的狀態中，卻要來到一個小我這麼重要的地方？」

「就促進有意識的生活而言，精舍和道場的理念雖好，實際情況卻不見得符合理想。」凱西補充道：「我想，人畢竟是人，每個人隨時隨地都帶著小我。我去過一個精舍，雖然那裡大體而言都很好，但我待得越久，就越注意到大家的小我開始冒出頭來了。人到了那裡還是跟在外界一樣好勝，甚至在身心靈的學習上也要彼此競爭。每個人都想向上師證明自己的悟性比別人高。更別提他們競相爭取上師的注意，各個都想成為上師的愛徒。有一次，照顧上師日常所需的學員未達他的要求，我甚至看到他對學員擺架子、發脾氣！」

「我認爲一旦我們否定小我，它就會在各種情況下猝不及防、不受控制地冒出頭來。」我提出我的看法道：「相反的，如果我們純粹就是擁抱小我，認同它的存在，認同它是我們一開始之所以來到世上的重要原因，那它就不需要老是在最不恰當的時刻冒出來，嚇我們一跳！我眞心認爲沒有小我，很難活在這個世界上。這或許也說明了，爲什麼有些純粹只想秉持有意識的覺知而活、不想和自己的小我有所牽扯的人，最後會跑去過與世隔絕、近乎隱士的生活。」

詹姆斯問道：「你們能想像有兩個互爲伴侶的人，一個把小我鈕全開、覺知鈕全關，另一個則恰恰相反嗎？想像一下那會是什麼光景！」

「哇！」凱西說：「我打賭小我鈕全開的那一個成天頤指氣使，另一個則是成天被呼來喝去、把對方寵壞。」

「如果沒有小我，我們就不可能去照顧自己的需求。」我補充道：「如此一來，我們就會任由別人不當對待。這就是爲什麼愛自己很重要，擁有小我很重要！」

彷彿接到指令一般，飯店經理適時出現，宣布說高架車的駕駛來載我們渡海回英國本島了。他可能以爲我們會很高興「得救」了吧，但他聽到的不是歡呼，卻是異口同聲的：「啥！這麼快？」但千眞萬確已經過了兩小時，時間將近晚上六點了！我們把剩下的茶喝光，收拾收拾東西，魚貫走出飯店，沿著前往海灘的步道走去，我們的專車等在那裡。

我們一個接一個順著爬梯爬到高架車的高台上。車子朝英國本島的海灘轆轆駛去，我們望著車外遼闊的大海。一到海灘上，我們就跳下車，沿著沙地走回岩石台階，來到巴士等著接我們返回學校的地點。朝達汀頓村開回去時，每個人的心情都很雀躍，滯留小島成了一場出乎意料的饗宴、一個未經安排即興對談的良機。

既然已經趁此機會檢視了我們在有形世界爲什麼需要小我，乃至於如何保持小我和覺知的平衡，覺察到我們都是一體相連的、每個人都是整體的一部分，我知道接下來的靈修營還會爲大家帶來更深刻的體會。我也再次見識到，當我們學會愛自己，並且看重我們來到這世上所要扮演的角色，我們在有形世界的體驗將是多麼豐富。

破除「靈修就是修到沒有小我」的迷思

如果「靈修就是要修掉小我」是種迷思，那麼真相是什麼？

想想這些可能的真相：

- 小我不是我們的敵人，我們不需要戰勝它。對我們在有形世界的生存而言，小我的存在是有必要的。
- 我們選擇來到有形世界體驗彼此分隔與二元對立的狀態，連帶體驗到各種多采多姿、互相對照的特質。是這些特質構成在這裡的現實，沒有小我，就不可能有這些體驗。
- 我們生來就有健全的小我和有意識的覺知。

- 愛自己不是以小我為中心。為了獲得最大的健康與幸福，愛自己絕對是不可或缺的要素。
- 越是愛自己、越是擁抱小我，我們的眼光就越能超越小我，體認到無限的自我。

實作與練習：

- 包括你的想法和情緒在內，仔細回顧你是怎麼過生活，又是怎麼與人互動的。判斷一下你的覺知鈕和小我鈕開到多大。
- 如果心愛之人的覺知鈕和小我鈕失衡，你可以和緩地詢問他們的夢想與渴望，甚至是他們的恐懼，同時分享你自己的答案，藉此鼓勵他們提高覺知。
- 或許在日記裡做個紀錄，寫下當你意識到自己的神聖本質時，其他人作何回應、如何與你互動；當你忘記自己和這份神性之間的關聯時，其他人又作何回應、如何與你互動。比較一下這兩種經驗。

- 每當感到焦慮、恐懼或氣憤時，提醒自己沒有任何人事物能剝奪你內在的神聖力量。藉由愛自己、呵護自己來助長那股力量，而不要助長自己的恐懼和負面情緒，就能幫助你更貼近自己真實而神聖的本質。

問問自己這些問題：

- 我是否因為害怕被批評而壓抑自己的渴望，不敢表現出真實的自我？我是否總把自己排在最後？
- 如果我對自己和他人之間的關聯保持強烈的覺知，並且只想和大家合作、不想與人競爭，情況會怎麼樣？
- 我是否讓他人的批判削弱了我的覺知、調低了我的音量，並且導致我表現得遠遠不如真實的我？

- 哪些信念導致我看不見自己是神在這個有形世界的眾多表現之一？如何能夠破除那些信念與制約，讓我完全接納自己真實的本性？

我知道我是平衡的，我的小我鈕和覺知鈕都是全開，當……

- 我對他人懷著同理與慈悲，但不會把每一個人的痛苦都攬在自己身上，變成我的重擔。
- 我很感激我的小我，因為它讓我展現出獨具的特質，也讓我發現自己是誰，並且明白自己為什麼選擇來到這個有形世界。
- 我不因他人（包括身心靈導師在內）沒能超越小我而加以批判。
- 我明白他人之所以傷害我，是因為自身的痛苦或無知。
- 我由內而外表現出對自己的充分了解與欣然接納，而不是把恐懼、匱乏、失衡的自我投射出來。我知道如此一來不只能給我自己力量，也能給我接觸到的每一個人力量。

迷思 9

女性是低等的性別

排在隊伍最後面的女子

「你可以在這本書上簽名給『薩米拉』嗎？」問話的是一名有著小麥膚色的美麗女子，她披著頭巾（女性穆斯林用來遮住頭髮和頸部的傳統服飾），一雙黑色的大眼睛望著我。賀氏書屋在加州帕薩迪納市辦了一場活動，我剛演講完畢，她是排在簽名隊伍中的最後一個人。

「當然。」我回應道：「好美的名字！」

「謝謝。那是我的名字。」她面帶笑容說道，緊接著告訴我怎麼寫，免得我寫錯。

「我好喜歡你的書。」我一邊在書名頁寫下一段給她的話，她一邊繼續說：「我對你的人生故事很有共鳴，尤其是文化挑戰的部分。」

「文化挑戰真的很棘手啊！」我回應道：「很高興大部分的問題我都不用再處理了！」

「你真幸運。」她說：「事實上，你有時間聊一聊嗎？我故意排在隊伍最後面，就是想看看你能不能給我幾分鐘，讓我請你喝杯茶或咖啡。」

薩米拉身穿一席長及腳踝的黑色碎花連身裙，美麗的絲質頭巾輕柔地披在她肩上。我望著她那五官精緻的笑臉，直覺感到我們的談話會很有意思，於是接受了她的邀請。接著，我回頭找尋珍妮佛的身影，她是賀氏書屋的工作人員，在我的每一場演講上都來助我一臂之力。

「珍妮佛，接下來我自己來就可以了。」我說：「謝謝你的幫忙！」

「你確定嗎？」她問：「要我陪你走去作家休息區嗎？」

「不用了，我沒問題的。我要和這位美麗的小姐去喝杯茶。」我比了比薩米拉，接著伸手抱抱珍妮佛，聊表我的謝意。

「會議中心的走道另一頭就有一間安靜的咖啡館。」薩米拉提議道：「我剛剛就是在那裡吃午餐。」

「大家都跑去演講廳聽下一場演講了。我想我們可以獨享那整個地方。」我說。

我們走進咖啡館，坐下來點了我們要的茶之後，薩米拉就開門見山地問了她的第一個問題。

「當你談到另一個世界時，你總說那裡沒有文化、性別、宗教等等的。你確定嗎？」她熱切地問道：「我是說，人死後眞的就沒有性別、文化和宗教了嗎？」她彷彿急著要確認。

對性別不平等的沮喪

「是的，千眞萬確！」我回應道：「在另一個世界，我們沒有形體，而性別是形體的一部分。它是生理上的一個特徵，因爲我們在這個世界要繁衍後代，所以一定要有生殖系統。然而，一旦沒了形體，我們也就不需要什麼生殖系統。我們沒有生理機能，只有純粹的靈魂。我們純粹只是光的存在。我們是純粹的本質、純粹的意識。」

「我百分之百相信你。但問題是，我活在一個由男性主宰的文化裡。就算我再聰明，就算我學富五車，女性反正都是隱形的。在每一件事情上，我都必須對男性讓步，只因他們是男性，他們的地位、個人經驗和教育程度都不重要。」薩米拉吐露道。

「在我的文化中，爲了符合美德標準，我必須收起自己的鋒芒，凡事百依百順。我越是隱藏自己、縮小自己，我生命中的男人就越能突顯自己，這樣就越顯得我很有美德！你說我們來這世上是要做自己，但我必須違背你的教誨。爲了符合美德標準，社會加諸在我身上的期望，就是我要有你在罹患癌症前曾經有過的那些特質。在我的文化中，那些特質被視爲女性的美德。

「有一次，爲了我女兒在學校碰到的一些問題，我和先生吵得僵持不下。」薩米拉繼續說：「她爲了融入新環境很掙扎，但我先生不准她順應外國文化，即使是他決定要爲了他的生意舉家搬到國外，離鄉背井在這裡生活。看女兒夾在不同的文化間左右爲難，我眞的很心疼。我兒子就沒有這種問題，因爲我先生允許他入境隨俗，任由他在學校裡和當地的孩子交朋友，也准許他做和他們一樣的事情。我先生對兒子比對女兒寬鬆得多。

「他在這件事情上怎麼也不肯讓步，而我很確定我想採取的做法對女兒才是最好的。於是我去見一位在我們的圈子裡備受尊敬的男性，我們常常尋求他的忠告。我以爲他會了解，因爲他在美國住了很久，也在這裡成家，把孩子拉拔長大。我希望他能幫我去跟我先生說說看。但我把這件事告訴他之後，他的反應卻是：『你要聽你先生的，畢竟他是一家之主。違背他的意思是不對的，鼓勵你女兒違背他的意思更不對了。你必須去跟你女兒解釋，否則她要怎麼學會這就是我們的文化？正因爲我們離鄉背井，她在學校學不到她的文化，所以你有責任教育她。有一天她也要順從她自己的先生，最好她現在就開始學習，否則到了她的適婚年齡，她（和你）就會有問題！要是偏離我們的傳統太遠，她就很難找到合適的對象。』你能想像聽到這種回應，我有多沮喪嗎？」

「我完全懂你那種沮喪的心情！」我想起自己面臨過的許多文化問題，一方面努力要融入同學的圈子，一方面又但願自己不必應付自身文化的限制。我也收到了同樣的警告：要是偏離我們的文化規範太遠，我就嫁不出去！

「我讀了你的書，也讀了其他許多和你有類似經驗的文章。」薩米拉繼續說：「所以，對我而言，傳統教條的面紗已經被掀開了，我覺得我看到了眞相。你的經驗尤其打中我的心，因爲你所面臨過的文化問題。我知道你說的是對的，但既然知道了，我怎麼還能融入自己的文化？現在，看到周遭赤裸裸的性別不平等現象，我很掙扎。我看出在我的文化中，女性是如何被壓了過去、噤聲不語，而在我們的沉默之下，擁有發聲權的男性又是如何掌控了一切。不是我周遭的情況有了改變或有什麼不同，而是我不一樣了。我的眼界大開，因爲現在我知道神對我們女性的本意並非如此。在神的眼裡，我們都是平等的，所有人的聲音都同等重要。錯誤不實的女性形象，純粹是比較大聲也更具侵略性的男性聲音造就出來的。但爲什麼我感覺只有我這麼想？有一部分的我不禁納悶：如果我對此一無所知，是不是會比較好一些？」

男女角色定位的失衡

薩米拉對我說的話是那麼赤裸而有力，我眞的感同身受。我對她的話有很深的共鳴，因爲我完全懂得這種處境。這次偶遇的時機也很有趣，因爲我最近剛好就在想性別不平等的問題，以及這種問題如何影響我們的社會。我看了電視上有關二〇一六年美國總統大選的新聞報導，很訝異直到這次選舉之前，在這個舉世公認最先進、最自由的國家，都還不曾出現過女性提名角逐總統候選人。更有甚者，最近一次我看到的候選人辯論會（共和黨的第一場辯論），參與的有十位男性，但卻沒有一位女性（儘管被分配到一場次要辯論會的一位女性得票數提高，得以參加後續的主要辯論會）。候選人探討了一些敏感的議題，例如女性萬一懷孕是否有墮胎的合法權利，後續又進一步談到性侵，以及遭到性侵的女性有沒有墮胎的合法權利。我覺得十分不安，因爲反對墮胎的候選人壓倒性地占了絕大多數，他們主張在任何情況下都不得墮胎，即使是性侵造成懷孕！

更令人不安的是，這些人的決定直接影響到女性的身體和人生，影響之深遠甚於導致這些女性懷孕的男性，然而針對這個議題，卻沒有一位女性的意見受到諮詢。

看著這一切，我的腦海裡滿是在亞洲長大的回憶。成長過程中，我浸淫在一個什麼都由男性主導的文化裡。現在我突然明白了，不是只有我的文化如此，全世界絕大多數的文化都一樣，只不過有些文化表現得比較明顯而已。

儘管沒人挑明了講，但我從小就很清楚，女性的角色總是低男性一等，就某方面而言甚至是要為男性服務。男性扮演主導角色似乎再正常不過。如同其他的迷思，此一迷思也塑造了我的觀念，一直到我二十多歲。因為不只在現實人生是如此，在電視上亦然。舉凡企業界、政治界、軍警界等各界領袖都是男性，女性如有一席之地，那也是扮演輔助的角色，例如低階行政助理、文書人員或祕書。

醫生往往是男性，他們的護士則是女性。我的幼稚園和小學老師盡是女性，但到了高年級和上大學之後，絕大多數老師都是男性。以此類推，沒完沒了。

緩緩喝了一大口茶之後，我說：「薩米拉，你可能已經從我的書上得知，在我所生長的文化裡，父母之命、媒妁之言才合乎規範，我的年輕歲月都在爲嫁人做準備。」

「是，我知道，但我覺得我的成長背景比你的更傳統而古板。」她說：「你都不知道你有多幸運。多年前，在你逃婚之後，你的父母照樣還是接受了你。後來你也嫁了一個很棒的老公，他了解你，也支持你的理念，尤其是在歷經徹底改變人生的遭遇之後。我的情況很類似，卻又截然不同。家父相當嚴格，自尊心又強。不管什麼原因，我們橫豎都不能違背他的意思！」

成長過程中，雖然我的雙親都很慈愛，但他們的性別角色顯然是由我們的文化所界定。我父親工作養家，母親在家帶孩子。在所有重大的家庭事務上，父親總是握有最後的決定權。儘管有時我母親知道要如何達到她的目的，但她要非常有創意，想出讓家父認同她的辦法。創意和時機就是她的籌碼，讓他認同她就像打了一場勝仗。然而，我們全都認爲父親握有最後決定權是理所當然的事。換言之，他們的關係不是建立在平等和互信上，而是建立在男人與女人的傳統文化角色上。

不相信不實的信念，它就不具力量

薩米拉懇切地問道：「所以，拜託告訴我，你瀕臨死亡又回來之後，一開始的情況是怎樣？你明白了眞理，但卻必須回來活在這個世界裡，結果怎麼樣呢？」

「喔，薩米拉，一開始我並不好過！」我答道：「從昏迷中醒過來、癌症也復原了之後，我好想爬到屋頂上，大聲喊出我學到的事情。我覺得自己不再受到蒙蔽，終於認清眞實的自己！我相信我的新發現能幫助大家看見自己沒有不如人，也沒有不如任何東西。我覺得我終於體認到眞理，而且大家也會對我的新發現很感興趣。

「然而，我很快就發現，這世界還沒準備好，因爲有好多我想說的話都違背我們的文化規範。我的說法多半會被視爲對固有信仰的威脅，而我不得不接受這個事實。我不能在屋頂上大喊，即使我覺得非跟人分享不可。我知道我之所以回來就是爲了分享這一切，所以我採取相對安全的做法，到網路上的匿名聊天室去分享，同時一邊默默過我的日子。

「但宇宙決定要讓我以更大的規模分享我的故事。」我繼續說：「我就是應該站在屋頂上大喊！當我在另一個世界遇到我的父親和摯友時，他們說：『回去吧，勇敢無畏地過你的生活！』我的故事在網路上瘋傳之後，我明白到這就是他們話裡的意思。接下來，偉恩．戴爾找到我，鼓勵我寫書。感覺就像宇宙要把我的故事挖出來，讓我無畏無懼地到處散播。結果，我在這世上找到了新的一席之地，我現在有了一個自由發聲的舞台，可以盡情分享我的觀點。」

「但在回來之後，一下子看清有這麼多從小到大信以為真的東西都是不實的，你一定覺得很奇怪，甚至很恐怖吧！」薩米拉回應道。

「何止恐怖而已，我覺得很孤單。」我說：「在另一個世界，我清楚看見成長過程中，我是如何吸收了各式各樣的信念，包括那些代代相傳、從來沒人質疑過的傳統、迷信或錯誤資訊。我也明白到除非我們真的相信這些迷思，否則它們是沒有力量的。是我們對它們的信念讓它們成為我們的真理，而有許多為我們所信服的迷思是不健康的。」我多倒了一些茶到我的杯子裡，看得出來薩米拉全神貫注在聽。

「我們幾乎不可能跳出來反觀這些看不見的信念，因為那無異於要眼睛不透過鏡子直接看見自己，或者要一根手指碰觸自己的指尖。」我繼續說：「所以，直到脫離形體，並從自己在俗世的角色跳脫出來，我才認清人生中讓我覺得自己不如人的一切都是不實的，我沒有比較渺小，也沒有比較弱！」

「非常感謝你解釋得這麼清楚。」薩米拉如釋重負地說：「我明白了。但我還想知道一件事情：如果要被當成弱者或次等性別，我們為什麼選擇身為女性來到這世上？」

「你以這副模樣來到這世上、來到特定的家庭與文化中、有特定的丈夫和孩子，是有理由的。」我說：「至少在我感覺是如此。我相信我們之所以身為男性、女性、甚或跨性別是有理由的，身為同性戀或異性戀也是有理由的。我相信我們生來就知道自己眞實的原貌，並且希望能以眞貌示人。但多數人在受到制約、融入周遭文化的過程中，漸漸忘了眞實的自己。我們掉進不想讓旁人失望的陷阱裡，於是我們收起鋒芒，以求融入。」

朝打破「性別之牆」努力

「當然，在另一個世界，女人不會被認爲比男人弱。」我補充道：「別忘了，沒有形體的我們都是平等的，都有同等的力量。不妨透過陰陽的概念來思考。中國人用陰陽分別代表陰柔和陽剛，兩者合在一起形成一個完整的圓，需要有這兩者才能形成一個圓。從另一個世界的觀點看來就是這樣，不只性別如此，其他萬事萬物亦然。所有兩相對照的特質合起來形成一個完整的整體。

「我相信，我們選擇以男性、女性或跨性別的身分來到世上，端看自己想要體驗什麼。如果選擇身爲女性，那麼我們就會擁有典型的陰柔特質。這意味著我們對大自然的感受較強，對自己和他人的情緒也有較深刻的感受。陰柔特質讓我們更有母性、愛照顧人，也更有同理心。但如果我們選擇生爲男兒身，那麼我們就會具有更多典型的陽剛特質。這往往讓我們顯得較爲外放，體格較爲強壯、高大、敏捷，這些特徵讓我們成爲更好的保護者。一般而言，即使生來擁有一副非我們所選擇的身體，我們的能量最終還是符合我們眞實的原貌，而不見得符合我們的外貌。儘管當然是我們選擇了這副軀殼，就像我們選擇了自己的文化一樣，縱使它們不符合我們的眞貌。

「陰陽是互補的力量，而非相抗的力量。兩者彼此互動，形成一個動態的體系，整體大過個體，萬事萬物都有陰陽兩面。舉例而言，沒有光就沒有影。同樣的道理，沒有男女兩性，我們就無法將人類這個物種延續下去。要是消滅了男性或女性，就會把一整個世代的人類全體消滅掉！」

「既然如此，爲什麼男人看不見這一點？」薩米拉懇切地追問道。

「事實上，我不認爲問題只在男人身上。」我回應道：「我認爲我們都是讓這種情況發生並延續下去的共犯。舉例而言，在成長的過程中，要是我做了什麼違背文化的事情，像是穿著不得體或者晚上太晚回家，談論我的可不只有男性，還有女性！在我們的圈子裡，家有成年兒子的女性長輩會羞辱我。她們會跟我母親說我不配嫁給她們的兒子，因爲我如果跟人約會、晚上出門在外，那我一定不清不白！」

在說最後這句話時，我裝模作樣地在薩米拉面前搖著食指，彷彿在數落她可恥的行爲一般。我們看看彼此，大笑出來，因爲我們都很清楚來自這種羞辱的社會壓力。

「我也很關注印度當前曝光的大量強暴案。」我以更嚴肅的口吻繼續說道：「印度成天發生強暴案，但絕大多數都沒有曝光，因爲文化會譴責受害者，社會認爲受害者令家人蒙羞。不只男性而已，怪罪於受害者的女性也比比皆是，大眾指責受害者穿著暴露或晚上逗留在外，所以是『自找的』。

「不管在任何情況下，性侵都不應受到容忍，所以我很難過竟然有人──何況還是女人──怪罪性侵受害者。我認爲身爲女性，我們要捍衛這些女孩，也要教導我們的兒子尊重及保護相對弱勢的人，而且可惡的不只有對女性的侵犯和虐待，還有對這些行爲的容忍！」

「我認同。」薩米拉說：「我知道在我的文化中，我們一般會設法約束自己的女兒，而不是教導我們的兒子如何尊重及照顧女性。我不知道我們爲什麼會這樣！」

「我想是因爲代代相傳的關係，好幾個世代以來的人都是如此。」我回應道：「在此，我想澄清一點：我不是要怪罪任何一個性別害我們陷入這種處境，恰恰相反！我要說的不過是：任何人都沒有藉口犯下這些窮凶惡極的暴行，而在文明社會裡，任何一個姑息暴力、容許強者欺凌弱者的人都很可惡。但我不想踏上一條怪罪來怪罪去的不歸路，因爲這條路沒有出口。身爲整體社會或文化的一分子，我們都要對這些行爲的發生負起責任。比起坐等情況改變，負責的態度要有力得多。

「許多社會面臨的其中一個挑戰在於，他們幾乎沒有在這世上自由發展的女性模範。」我又繼續說：「即使到了今天，女性還是被勾勒成男性的影子，那些積極進取、奮發向上的女性，往往覺得必須在男性的世界裡搏鬥。這眞的很不幸。由於必須持續不懈地搏鬥才能保有尊嚴與自由，女性因此被迫藏起陰柔的特質，爲求成功而變得越來越像男性。儘管我們或許會隔著一段距離崇拜這些女性，但多數女性還是不敢有樣學樣。多數女性沒有勇氣跟男性一較高下，因爲她們知道自己會被說是太狂妄、太霸道、太好勝。許多女性擔心如此一來就不可愛而沒人要。」

溫柔就是剛強

「還記得我的上一份工作，在生病之前，我一路往上晉升，直到碰到一道無形的牆。」我回憶道：「我發覺自己不可能再往上爬了。公司高層都是男性，我就是知道他們不會讓我再爬得更高，即使我工作得很賣力，跟客戶也都有很好的關係。我達到我設定的目標，而且做得眞的很好。但當考慮要讓誰升遷時，他們略過我，選了一個男的！而且我的老闆告訴我，我不可能再升得更高了。

「我想知道爲什麼，基本上，他的意思是因爲我是女性。他還補充說由於我結婚了，家裡的事情會讓我分心，老公啦、孩子啦等等的。他不只表明我不會獲得升遷，也暗示如果我成了一個『典型的女人』、爲婚姻和家庭生活分心，那麼他會毫不猶豫地將我降職。

「有一段時間，我很努力要堅強起來，表現得很強悍，向他證明我就像男人一樣能夠勝任這份工作。我在一個由男性主宰的環境裡，忍受超長的工時與沉重的工作壓力，努力不要顯得像個『典型的女人』。但我看得出來，我表現得很好反而讓他看不順眼，因爲高階管理團隊清一色都是男性，他不想讓我成爲他們的一員。有幾次他故意設計我，不斷將我必須達到的目標提高到不切實際的地步，然後向總部報告說我達不到標準。

「當我表達我對受到這種對待的擔憂時，他就會說是我太敏感，還說我如果想獲得升遷，就得堅強起來。一開始我會指責自己，怪自己怎麼那麼敏感。我很怕老闆會因爲我軟弱就把我降職，所以我壓抑所有的陰柔特質，逼自己『像個男人一樣』。但一段時間過後，我就筋疲力盡，覺得壓力很大、不堪負荷，最後終於辭職了。當時我很氣我的老闆，因爲我知道是他故意把我玩弄於股掌之間。

「要到經歷過另一個世界，我才明白我就是個典型的女人，而且我應該引以爲豪！擁有『典型的』陰柔特質又怎樣？這些特質就是我最大的長處啊！我不應該爲了要在這世上成功而變得更像男人。事實上，不是『儘管有這些特質，我還是值得成功』，而是『正因有這些特質，我才值得成功』！」

薩米拉熱切地贊同道：「我們需要站出來成爲領袖，但是是以我們的條件，而不是以男人的條件。我們要有自己的事業、自己的公司，而在我們的事業和公司裡，男性和女性的能量都能和諧並存。我們要把我們的敏感視爲強項，而非弱點。我們要允許自己的同理心、柔軟心和仁愛心站到舞台中央，而不是爲了在『男人的世界』裡競爭而把這些特質隱藏起來。」

「沒錯！」我歡呼道：「不分男女，這是我們雙方共同犯下的錯誤，也是我們的世界何以如此失衡的一大原因。我們接受了陰柔特質是弱者特質的迷思，以爲需要埋葬這些特質才能有成功的事業，但事實上，這些特質絕非弱者特質，而且值得受到尊重。一個健康的整體既要有陽剛的部分，也要有陰柔的部分。事實上，爲了成爲最健全的社會，我們需要想想如何解放每一個人，不管是男人、女人、跨性別、同性戀、異性戀，也不管一個人的種族或社經地位。

「你可能有興趣知道，離開我跟你說的那份工作之後，我老闆可是疲於應付，因爲我才是那個跟所有客戶打好關係的人。我的公司是一家女性飾品批發商，客戶相信我會爲他們店裡挑到正確的商品，因爲我在選擇適合亞洲女性的風格這方面似乎眼光獨到。我和所有買家的關係都很緊密。當我老闆落得必須自己應付他們時，他根本不知道要爲他們訂什麼貨。他沒有和他們打好關係，所以他們對他也沒有忠誠度可言。他們很不高興他讓我走了，轉而跑去跟別的廠牌下訂。在威脅要把我降職時，他不知道的是，客戶是對我有忠誠度，而不是對商品有忠誠度。到頭來，公司損失太多，總部的人把我老闆開除，並把他的分部賣掉了。」

薩米拉聽了這個諷刺的故事，不禁噗哧一笑，接著她的表情變得嚴肅。

「很高興他學到了教訓，我想他現在一定明白，只因你不是一個典型的『商務男』，並不代表你就不能爲公司帶來龐大的效益。」她說：「全世界都在上演這種戲碼。當一個女人只因她是女人就被強權壓了過去，那不只是女性的損失，也是每一個人的損失，包括整體社會在內。」

「沒錯，我深有同感。但我確實認爲這種情況慢慢在改變，我們至少有一點進展了。」我回應道：「如果要解決社會的失衡，爲了讓這種進展繼續下去，我們需要男女雙方共同努力。正如你所言，這樣對大家都比較好。」

「我完全認同你的看法，艾妮塔！」薩米拉咧開了嘴笑道：「和你聊這些讓我覺得充滿希望，就算我個人的問題絲毫沒有解決。」

「我知道，我正在想呢！我們剛剛解決了全世界的問題，但你個人的處境卻一點也沒有改善。」

說到這裡，我倆又開懷地笑了出來。

「但你現在可以爲我們發聲了。」薩米拉興奮地睜大眼睛說：「你現在有了表達自己的舞台，你可以大聲喊出來了。好好利用這個舞台吧！你一定要把我們剛剛聊的拿出來大談特談！」

「我會的。」我向她保證。

「我現在眞的懂了！無論男人或女人，重點不在於責怪任何人。」薩米拉說：「相反的，重點在於我們齊心協力，開始爲我們所共創的世界負起自己那一份責任，尤其如果我們想爲自己和孩子創造一個更美好、更平衡的世界。就算我先生不會改變，就算我先生不會以這種眼光看事情，我的孩子也不必把這種有害的迷思延續到下一代。這就是爲什麼我看穿了這一層迷思，因爲至少在我的家庭，這種迷思就到我爲止，要不要把眞理教給孩子，操之在我。」

「完全正確！」我滿腔熱血地說：「破除這個迷思的辦法在於，我們希望自己的女兒受到什麼樣的對待，就教育我們的兒子如何對待女性，而不是試圖約束我們的女兒，然後在男性不尊重或不當對待她們時責怪她們。而且事情很難說，薩米拉，搞不好你先生有一天也會從孩子身上學到一點東西。你知道，這是有可能的，學習永遠不嫌遲！」

「我眞的很樂意看到有這麼一天。」薩米拉懷著希望說。

「順帶一提，我可以在我的下一本書中分享我們的談話嗎？」我問。

「當然可以！事實上，你一定要跟大家分享。」她回應道。她請我不要用她的眞名，我向她保證不會，接著就看看手錶，發現時間比我想的晚了許多。我和薩米拉共度的時光咻一下就過去了。

「薩米拉，我得走了，否則會趕不上回飯店的車。」我告訴她。

「我眞的很開心能坐下來和你聊！」她在我起身時說：「很棒的一場對談，太感謝你了！」

「我也跟你一樣開心，何況你還爲我的下一本書提供了一個篇章，我才要謝謝你呢！」我一邊笑著說，一邊和她緊緊擁抱一下，然後才分道揚鑣。

薩米拉朝那棟樓的大門口走去，我則走回後台的作家休息區。過了很久之後，這席談話依舊在我腦海縈繞不去。我知道在繼續我們各自分開卻又彼此相連的旅途時，薩米拉和我都會出現在彼此的思緒裡。

破除「女性是低下的性別」的迷思

如果「女人是弱者」是種迷思，那麼真相是什麼？

想想這些可能的真相：

- 沒有哪個性別比較優越或比較低下。每種性別各自都有構成一個完整、平衡的整體所需的重要特質。整體不只比個別部分加起來還大，而且比我們所能想像的壯觀許多。
- 在靈界沒有肉身，所以不存在性別。我們都是平等的，都具有同等的力量。
- 我們選擇以男性、女性或跨性別的身分誕生在這個有形世界，端看我們在此生想要體驗什麼。

- 我們生來就知道自己的真貌（包括我們的性別和性向），並渴望能以自己的真貌示人。在成長過程中，我們很容易忘記真實的自己，而受到社會的制約、改造我們的樣貌（收起自己的鋒芒），以便更容易融入社會，成為社會所接受或期望的一員。

實作與練習：

- 矢志由自己做起，鼓勵男、女兩性的孩子（無論你是否為人父母），讓他們都覺得自己有力量（包括在有人威脅他們時為自己挺身而出），並鼓勵男孩尊重女孩（反之亦然）。你自己要以身作則。
- 注意自己的轉變，即使一開始可能很微小，但投入這件事情之後，你會覺得自己是力量強大、舉足輕重的一分子，主動參與解決問題，而不是社會現況的被動旁觀者或受害者。

- 如果你是女性，列出你最強的女性特質（例如敏感、直覺、同理心、慈悲心、照顧能力等等），仔細想想這些特質如何讓你為世界增添一抹光芒，並做出可貴的貢獻。如果你是男性，列出和你最親近的女性最強的女性特質，仔細想想這些特質乃至於其他特質為你帶來什麼禮物。

問問自己這些問題：

- 無論是不是衝著我而來，如果拒絕忍受我所目睹的任何性別歧視或暴行，感覺會怎麼樣？我要如何成為解決問題的一分子？
- 我有沒有可能在哪些細微的地方接受了「男尊女卑」的社會觀點，而我根本不自覺？
- 為了不成為注意的焦點，或為了避免讓人覺得不舒服，我隱藏了什麼強而有力的特質（至少在某些時候）？如果我以這些特質為豪、時時盡情表現出來，我的人生可能會有什麼不同？

我知道我沒有讓性別決定我的自我價值，當……

● 不管是我的生理性別、性別認同或性傾向，乃至於我的種族和社經地位，我不因旁人的意見或信念而覺得自己有任何方面不如人，或者覺得自己比較渺小、比較弱。

● 我願當仁不讓負起責任，拒絕容忍或延續任何導致性別或性向不平等的社會制約。

● 我協助創造了這個世界，我對此負責。別人或許也造成了這世界的失衡，但我不怪罪於他人。相反的，我把焦點放在協助恢復平衡。我知道如此一來便能拋磚引玉，讓別人也有勇氣仿效我的做法。

迷思 10

勉強自己
要正面思考

無聲勝有聲的安慰

「我年幼的兒子三個月前過世了，我想知道爲什麼他這麼快就離開我身邊！我就這麼一個獨子，他是我的全世界！我是一個單親媽媽，他是我活下去的理由！」那位年輕的媽媽聲音顫抖、眼眶含淚地透過麥克風說：「我受不了再也見不到他。我怎麼想都覺得沒道理啊！我不知道要怎麼活下去！」

我去澳洲巡迴演講，那場活動在布里斯本附近舉行。演講來到尾聲，開放觀眾問問題，我通常都很喜歡這個部分。但當這位哀痛逾恆的母親淚流滿面地等我答覆時，我發覺自己說不出話來。我無言以對。

儘管我從另一個世界的直接經驗知道他兒子很好，但我也知道向她保證這一點是不夠的，或甚至是不恰當的。這位母親的字字句句直入我心，我純粹就是不可能以言語回應。當下我看到、感覺到的只有她的痛苦和失落，整個人都被她的哀傷包圍。

時間靜止不動。我完全忘了自己站在講台上，面前有幾百個人等我說幾句愛與安慰的話語。他們無疑在想我要展現什麼智慧，幫助這位哀傷的母親理解她的處境、接受她失去兒子的可怕事實。他們很可能希望我的答覆也能幫助他們，因爲他們自己也有未能平復的喪親之痛。他們期待我向他們保證死後仍有生命，因爲他們知道我去過那裡。

「你兒子沒有死！他只是改變了型態。他還是在你身邊，只不過他現在處於一體不二的狀態中。」我猜想他們多半想從我這裡聽到諸如此類的話，又或許他們期待我說：「我們是永生不死的。死亡只是一種假象。他現在自由又快樂。他希望你能爲他高興。」

這種台詞甚至可能爲我搏得觀眾的掌聲。但即使我從親身經歷知道這些說法都是千眞萬確的，當我站在那裡看著淚水沿著這位母親的臉頰流下，我就是說不出這些話。任何的言語在我自己聽來都很空洞，而且像是陳腔濫調，只說「該說的話」似乎很敷衍。即使經歷過另一個世界的愛與美，只要身而爲人，我還是會感到痛苦，還是會心疼，還是會難過。在那個當下，我強烈覺得如果我告訴她「應該」怎麼想，或她「應該」如何面對這麼難以承受的痛苦，那我就太不誠懇了。

我心想，她當然很想念這個獨生子的有形存在。她想念他的笑容、嗓音、膚觸、髮質、笑聲、氣味。她想念他所有微不足道的小地方。我感覺得出來，她可能還捨不得丟棄他的私人物品，甚至可能會把臉埋在他的衣服裡，想要藉此塡補內心的空缺。我之所以知道，是因爲很多人都和我分享過喪親之痛的故事，他們希望我能說些安慰的話語，以減輕他們的痛苦。

我不顧活動的流程或坐在底下的觀眾，逕自離開講台、步下階梯，朝這位令人心疼的女士走去，同時一邊打手勢要她過來。我們會合之後，我伸手環住她，給她一個緊緊的擁抱。在那個當下，除了透過肢體接觸讓她感受到她不孤單，我不知道自己還能做什麼或說什麼。

「我眞的很難過你這麼痛苦。我完全感同身受。」我繼續抱著她不放，她靠在我的肩頭大哭，我自己也是熱淚盈眶。她所有的感受、她靈魂深處的哀傷與失落，我都感覺到了。

圍繞著喪子之痛的種種情緒，不只來自於她知道在有形世界再也見不到兒子了，也來自於她強大的求生意志。宏觀而言，我知道她若是心碎而死就能與他重聚，一切都會很圓滿。但在那個當下，我私心裡並不願意她心碎而死，而且我覺得很無助。我知道即使我親身經歷過另一個世界，在此時此刻拿我的經驗出來說，並不能化解她的哀痛。我能做的只有抱住她，讓她哭個痛快，向她保證她的淚水是母愛的表現。我要她因此覺得安心，也因此允許自己心痛。

過了不知道是一分鐘還是十分鐘之後（當下我感覺不到時間的快慢），我們放開彼此，兩人四目交會。我覺得什麼都不必再多說，所以我慢慢轉過身，走回講台上，試圖恢復鎮定。那不容易。我繼續把剩下的演講完成，但那天接下來的時間，我心裡都很掙扎。活動終於結束時，我覺得謝天謝地。

簽書會過後，丹尼和我終於返回飯店的路上，他一臉擔憂地轉過來看我，問道：「你還好嗎？那位媽媽關於她兒子的問題，好像眞的對你影響很大。」

「還好，我想我還可以。」我告訴他：「只是很累而已，明天早上就沒事了。」

一封充滿失望的來信

回到旅館房間後，我踢掉鞋子，打開煮水壺，煮水泡茶。泡好了茶，我就放鬆地窩在扶手椅上，抱著筆電查看電子郵件。我看到我的助理轉來一則訊息，是她幾分鐘前剛從我網站上「聯絡信箱」的頁面收到的，內容很長，來自今天稍早的活動中一位名叫秀娜的女性聽眾。

秀娜寫道，當那位哀痛的母親提出關於兒子的問題時，我應該要向她保證她兒子很好，他還是存在於另一個世界。別人就算了，我最應該知道她兒子沒死，也應該向那位女士保證她兒子很快樂。生命是虛幻的，她應該爲兒子高興。秀娜接著鉅細靡遺地寫出我在第一本書和演講中分享的許多眞理，她想知道爲什麼當我得到這麼完美的機會，可以把我從瀕死經驗中見證到、之前也說過許多次的一切再說一次，而我卻什麼也沒說！

秀娜寫說她很失望，因爲我沒有進一步闡述，反倒還退了回去。當我面臨一個活生生的例子時，我沒有訴諸我所主張的眞理，卻讓自己落入痛苦的假象。她堅稱我的角色是要振奮人心、給人希望，但我卻降低自己的等級，落得跟那些困在假象裡的人一樣。

讀著這則留言時，我不禁臉頰發燙，但不是因爲我對秀娜不高興。絕非如此。我之所以心情沮喪，是因爲我覺得自己一定讓其他觀眾都失望了。他們想要聽到我從宏觀的角度給他們保證，而我沒有做到。他們期待我振奮他們的精神、給他們積極正面的鼓勵，我所做的卻恰恰相反。

思想真的會創造現實嗎？

那天夜裡，我在床上翻來覆去，腦海裡重播著那天的一幕幕。我開始告訴自己，如果觀眾對我失望了，那可能意味著他們心目中的我並非眞實的我。我從沒試圖成爲大家的精神領袖或救苦救難的化身，我想傳遞的訊息也從不包括我們必須時時保持正面積極。事實上，我向來認爲這種想法構成了阻礙，使得我們的眞實樣貌沒辦法展現出來。另方面，這種想法也是在暗示自己不夠好，所以必須用樂觀的面具藏住眞實的自己。

我的世界天旋地轉。我開始問自己：「如果不再傳遞這些訊息，那我成了什麼？我到底是誰？如果我讓大家失望，那我又成了什麼？對這個世界而言，我還是一樣有價值嗎？」

害怕讓人失望就是我們迷失自己、迷失本性的原因之一。我們試圖符合他人的期待，而不允許自己做自己。我在那一刻明白到，就算讓每一個人失望，我也絕對不會回頭去做以前的我——那個討好大家的我，那個爲每一個人活、就是不爲自己活的我。那個我付出了又付出，就算什麼也不剩還是繼續付出，終至把自己消耗到罹患癌症的地步。

我的思緒回到那個時候，癌細胞摧殘我的淋巴系統，疾病在我體內擴散，令我恐懼不已。這時，我想起那些想法很正面的人（那些讀過各種身心靈書籍、完成了各種自我成長課程的人），他們會說：「思想創造現實，所以一定是你的想法創造了癌症。好好注意你的想法吧！」

一開始我研究了所有吸引力法則的相關資料，因爲我想戰勝這個摧殘我身體的怪物。我想了解我到底是怎麼把它吸引過來的。所以，每次只要冒出我認爲是負面的念頭，我就連忙掐斷它，把它推得遠遠的，埋在腦海一角。但即使如此，隨著癌症繼續擴散，這些念頭還是會浮出檯面。

深怕努力得不夠，我一心一意認定我必須鞭策自己，更加努力打消負面的念頭。我製作了願景板，從雜誌上剪下圖片貼到板子上，並且一遍又一遍觀想正面的結果。每次冒出關於癌症或死亡的可怕念頭，我就變得甚至更害怕，相信這每一個念頭都會直接導致病情惡化，所以我強迫自己不要去想。

我會生氣地問自己：「爲什麼還是有負面的念頭？我都這麼努力控制、這麼努力保持正面、這麼努力要創造出正面的現實來了，爲什麼還是沒有用？癌症爲什麼還是在惡化？」

那時的我所感受到的恐懼和挫折顯而易見，跟抱持正面想法的人談，往往只會讓我覺得更糟。我眞心相信癌症還在惡化是因爲我「沒抓到要領」，我認定是我的信念不夠強或我的想法不夠正面，抑或兩者皆是。

身而為人的完整經歷

那晚躺在床上，我翻來覆去幾小時才終於睡著。早上醒來時，我還是覺得很累，一方面是因爲前一天跑了一整天的活動，另方面也因爲失眠了大半夜。由於很晚才睡著，我睡過了頭，已經在淋浴的丹尼聽到我的動靜，便提醒我說我們得快點，因爲我們很快就要出發去機場。

那天早上，我發覺自己眞的動作緩慢、提不起勁，還在爲了前一天的事情糾結，沒辦法平復過來。我想著無論我們讀過多少書、對身心靈的體會有多深刻、自認多麼有自覺，又或者我們這些老師吸引多少人來聽講座，世人的痛苦還是不得解脫。

我絕對不是說身心靈的覺醒不重要。畢竟，我們越能覺知到自己和芸芸眾生、萬事萬物的關聯，就越不會去傷害他人（無論是在我們自己的親戚朋友圈、社群團體圈，或是更大的圈子裡），也越不會為生態環境或整個地球帶來痛苦、造成危害。但深刻的痛和深刻的愛是同一枚硬幣的兩面，當我們心愛的人死了，痛苦與哀傷的感受是身而為人不可或缺的經歷。我要怎麼向人解釋，無論我多麼努力描繪另一個世界的輝煌、無論我再怎麼保證從宏觀的角度看來一切其實很完美，當我們身在這個人世間，痛苦、羞愧、失望、恐懼、煎熬等等的感受還是再真實不過！

允許自己感受痛苦的存在

無論多麼確信死後就會從這個俗世之夢中醒來，喪偶的鰥夫寡婦或失去子女的父母也不一定能減輕痛苦。遭逢親人命喪海嘯、地震或校園槍擊案的人，勢必要承受哀傷與痛苦。照顧重病家屬或絕症親人的人，也一定備感艱辛、失落與煎熬。

在印度路邊乞討的可憐孩子，懷裡抱著年幼的弟弟，睜大眼睛期待地望著我，趁我經過時伸出她的小手。她的飢餓是眞實的，就算她相信這只是假象，就算她相信宏觀而言一切都是完美的——一切都是陰與陽、正面與反面的一部分，共同組成這二元對立的人世——也不能減輕她和她弟弟的飢餓。

所以，當我面對傷透了心的人，當他們問我爲什麼他們的處境這麼痛苦，我總覺得很糾結。我左右爲難，不知是要從宏觀的角度，把我對痛苦何以存在的體會告訴他們，還是要肯定他們在當下有痛苦的權利，並且予以尊重，無論他們有什麼情緒，都不帶批判地容許他們去感受。

「正面的態度創造出正面的現實」似乎是當今普遍的信念，遭逢痛苦與折磨的人不僅要處理自身所受的煎熬，還得處理旁人堅持要我們保持正面的態度。雖然在面臨傷痛時，自然會產生一些眞的很難受的情緒，但在我們的社會上卻有很大一部分人對此感到不自在。如果遵循所謂的正面思考模式，我們就要壓抑自己眞實的感受。在這種正面思考論的引導下，我們以爲如果有痛苦的感受，那麼我們在某方面就失敗了。

感到樂觀和希望無疑是有益的，但當人生的災難不可避免地降臨在我們身上，在度過危機的過程中，從頭到尾都必須保持正面的信念只是平添我們的負荷。結果我們往往爲自己的痛苦感到羞愧，自認是修爲不夠才落入痛苦之中。同樣的道理，在別人受苦時，我們不給他們表達痛苦的空間，反倒給他們一些陳腔濫調的忠告。雖然正面的思考和激勵在許多方面都很可貴，但它們有時就是一點幫助也沒有！它們的作用可能像ok繃，只是把傷口遮起來，讓我們看不見。

我學到要走出痛苦最好的辦法，就是去經歷它。這才是眞正的解脫之道。這意味著你首先要承認痛苦，然後接納它。你承認痛苦的存在，並允許自己眞眞切切地感受它。你「認可」它。

痛苦從來不會空手而來，一定會帶著禮物。撇開別的不說，痛苦首先會賦予我們同理心，讓我們更能體會別人的失落、哀傷與苦難。事實上，這些經驗既讓我們更富有人性，也讓我們更具神性。

做自己，不求成為別人想要的樣子

在前一晚的翻來覆去中，我想起自己從瀕死經驗學到的一些功課。首先，我學到不是我的負面想法導致癌症，要為這件事負責的是我「缺乏對自己的愛」。對我而言，這是千金不換的一課，而且要到走出痛苦之後，我才有了這一層領悟。確實，經歷這份痛苦並非出於我的選擇，我竭盡所能抗拒它，試圖用正面的心態掩飾它。但到我再也抗拒不下去之後，禮物就送上門了。

罹患癌症之前，我花了大半輩子努力保持正面樂觀。因為想要受人喜歡，我總是強顏歡笑。每當產生負面的念頭，我就打消它，免得旁人覺得我很可怕。

所以當癌症找上我，我眞的不懂怎麼會有這種事，我向來都是這麼正面的人啊！我相信一定是我的念頭創造了癌症，於是我變得很害怕自己的念頭。更有甚者，我也害怕這份對自己的念頭的恐懼。就這樣，我陷入沒完沒了的恐懼漩渦。但在瀕死之境，我領悟到關鍵不在於保持正面，而在於做自己！我不需要打消所有的負面念頭，只需要做自己、愛自己，不求成為別人想要的樣子。要是明白這一層眞理，我就永遠也不會害怕自己的念頭，因爲我會知道這些念頭也是我的一部分。否定我的負面情緒、相信這種負面是不對的，只會加重我的問題而已。

聽從心的指引

所以，我又落入那種處境了。在讀完那封電郵的早晨，我又掉進想要符合他人期待的陷阱，才會心情沉重、提不起勁。這時，丹尼提醒我，退房時間快到了，於是我開始更衣，收拾剩餘的行李。下來到大廳不久，就有人從大廳另一頭叫我。我抬起頭，看到一名金髮女子面帶笑容朝我走來。她自我介紹說她叫艾莉安娜，接著又說：「我昨天去參加你的講座了，眞的很棒，我學到很多。」

「非常感謝你這麼說！」我回應道。聽她這麼說，我不只欣慰，還覺得鬆一口氣。

「如果你不介意，我倒是有一個問題。」她說。

「我一點也不介意。」我告訴她：「說吧，你的問題是什麼？」

「我也很想做跟你類似的事情。」艾莉安娜表示道：「我想帶領工作坊，辦講座和大家聊聊，給大家一點啟發。要能真正啟發他人最好的辦法是什麼？你能給我什麼建議嗎？」

我幾乎沒想過要怎麼回答像這樣的問題。相反的，我只是想什麼就說什麼。我脫口而出的答案似乎總是恰恰符合提問者的需求，這次也不例外。

「只要聽從你的心，不用刻意去想怎麼啟發別人。」我告訴她：「看怎麼做能啟發你自己就去做，然後只要分享你從中學到的東西就好。你的焦點要擺在自己身上，而不是觀眾身上。只要你保持對生命的熱情，讓生命給你啟發，你要做的便只是由衷說出你體認到的眞理。就這樣！」

「所以我不需要努力啟發別人？」艾莉安娜問道：「只要啟發我自己，找到我相信的東西，找到我熱情擁抱的眞理，然後發自內心和人分享就好了？」

「沒錯！」我回應道：「一旦我們試圖啟發別人，或者試圖說出我們自認別人想聽的話，又或者試圖符合我們自認別人想要的模樣，我們就失去了眞實的自己。

一切都變成來自於頭腦，而非來自於心。相反的，當一切來自於心，我們只是讓訊息透過我們傳遞出去，而不是刻意製造出這些訊息。

「在我想教給世人的眞理中，最核心的就是忠於眞我的重要性。所以，如果我一心想給觀眾我自認爲他們想要的東西，那我豈不是教一套、做一套，違背了自己的教誨！這樣說有道理嗎？」

「有，很清楚！」艾莉安娜說：「謝謝你撥時間給我！」

然而，我幾乎沒聽到她的回話，因爲我突然明白了，我剛剛對她說的一字一句，就是我要對自己說的話，就是我自己需要聽到的答案。這段短暫但強而有力的經歷讓我精神爲之一振，心情也輕盈起來，渾然不覺艾莉安娜匆匆給了我一個擁抱，丹尼則連忙將我推到外面，坐上等著載我們去機場的車子。

那天一大早的緊繃與束縛感消失無蹤。我覺得更自由、更有活力，也更放鬆。我明白了！我不需要擔心那封電子郵件。事實上，我什麼也不必擔心！前一天面對那位哀痛的母親時，我的做法是正確的，因爲我聽從了自己內心的感受，而那就是我要傳達的重點所在——做自己就對了！

那天晚上，丹尼和我一回到家，我就查看我的電子郵件，發現那位喪子的美麗母親寄了一封信給我。她謝謝我給她空間釋放自己的感受，她尤其感激我沒有對她的哀痛妄加論斷，甚或用陳腔濫調的說教打發她。讀到她的字句，我情不自禁會心一笑。

身爲自助書籍、心靈勵志或身心靈領域的作者和講者，諸如此類的經驗總提醒我要小心：我們很容易就會落入陷阱，想要確保自己在公眾面前總是只呈現出最好的一面，顯得很有智慧，像個身心靈權威，結果導致我們試圖滿足他人，或者設法令人感到欽佩，因而完全迷失了自己。

我想澄清一件事，就是我絲毫沒有否定吸引力法則的意思，我也不是要說保持正面的想法和心態沒有幫助。我要說的是：我相信在我們的人生裡，把種種事件和處境吸引過來的，不只是我們的想法和心態，還有「我們是誰」。我們把眞正屬於我們的吸引過來，無論正面或負面，我們隨時隨地都在把自己眞正需要的吸引過來。

這意味著我們越是愛自己、珍惜自己，越是自然而然地選擇活在喜樂的境地，並且覺得自己值得擁有美好的事物，我們的人生就越能反映出這些自我觀感。如此一來，我們自然就會樂觀起來，而這種狀態比「強作樂觀」要健康得多。

爲了達到這種境地，我們必須停止追求特定的感受或思考模式，轉而擁抱所有的情緒，包括沮喪、挫折、痛苦、憂傷和哀痛，不帶一絲批判。我們必須接受自己的一切，所有面向都包括在內，因爲這就是我們最人性化的人性之所在。

破除「勉強自己要正面思考」的迷思

如果「永遠都要保持正面樂觀」是種迷思，那麼真相是什麼？

想想這些可能的真相：

- 我們無法控制負面念頭的存在，所以就算把這些念頭揮開，它們也不會消失，頂多只是暫時埋藏起來。
- 痛苦、氣憤、傷心、挫折、恐懼等等的感受沒什麼不對，這些都是我們身而為人自然而然的一部分。
- 產生所謂的負面情緒並不代表我們失敗了，也不代表我們的修為不夠。

- 擁抱痛苦，讓我們有機會看到痛苦帶來的禮物。唯有歷經痛苦並從中走出來之後，禮物才會出現。
- 負面想法不會讓我們生病；不愛真實的自己，對健康才是更大的危害。
- 一旦懂得愛自己，我們就比較容易保持樂觀。這種樂觀是比強作樂觀更強而有力的狀態，因為它來自內心深處對自己的愛。
- 在人生當中，把種種事件和處境吸引過來的，不只是我們的想法和心態，還有我們是誰，以及我們有多善於接納和表達自己。

實作與練習：

- 要知道有負面念頭不代表你就是個負面的人，也不代表你在為自己帶來傷害。是人都有各種念頭，所以那只代表你是人。
- 當你覺得害怕或有負面情緒時，不要抗拒這些感受，也不要因此苛責自己。相反的，承認這些情緒的存在，並且允許自己充分去感受。如此一來，你才不會困在裡面走不出來。

- 學會愛自己，學會發自內心覺得自己值得快樂，你自然而然就能快樂起來（而不是強迫自己快樂，那是不可能的）。
- 如果喜樂的境地對你而言難以企及，那就先從接納現在的你開始。接納之後，試著心平氣和看待目前的處境。從心平氣和開始，要步入感恩的境地就會變得比較容易。而從感恩開始，喜樂就會變得唾手可得。喜樂是對當下人生狀態深懷欣賞與感恩的結果。
- 回顧過往的痛苦經歷，仔細想想這些遭遇為你帶來哪些或大或小的收穫。以感恩的心看待這些禮物。
- 無論別人有什麼情緒，都允許他們去感受。不帶批判，以同理心看待他們的感受。

問問自己這些問題：

- 我是否由衷表達出真實的我，還是我困在自己的思緒裡，想要表現出我自認為能融入人群或討好他人的樣子？
- 我能放心體會負面的情緒嗎？如果不能，要怎麼做才能讓我放心表達真實的我？
- 當我在批判自己的想法或所作所為時，藏在這些批判背後的恐懼是什麼？放下批判會有什麼感覺？
- 我能否尊重他人的痛苦，允許他們表達真實的自己，就算在不知不覺間落入二元對立的假象中，我也不害怕？

我知道我是在接納自己的全貌，包括我所有的想法和感受，當……

- 我承認負面念頭的存在，不設法把它們揮走。每當冒出負面的情緒，我就讓自己充分去感受。

● 我不顧慮別人可能希望我有什麼想法和感受。所有情緒都是我的一部分，我不帶批判地予以愛惜並接納。

● 我知道自己最深的喜悅與熱情何在，並能藉以表達出真實的自己。

【後記】

在有形世界，譜出燦爛輝煌的篇章

正當我在完成本書的最後幾個章節時，我收到了令人震驚的消息——我親愛的朋友偉恩．戴爾博士過世了。

收到這個消息前不久，幾位親近的朋友才剛來丹尼和我在加州的新家，與我們共進午餐。我的朋友珍妮佛．麥克連（Jennifer McLean）捧著一大把橘玫瑰上門。

「橘色藏有什麼魔力嗎？」她把整束花交給我時問道。

「什麼意思？」我一邊露出好奇的笑容，一邊欣然收下她的禮物，欣賞著耀眼的色彩，嗅聞著醉人的甜香。這束花美極了。

珍妮佛解釋道：「我在花店本來伸手要拿紅玫瑰，但我一直聽到腦袋裡有個聲音說：『拿橘色的，拿橘色的！』顯然，你在另一個世界有個朋友很想讓你收到橘玫瑰！」

「這樣啊！橘色是我最愛的顏色。」我說：「但我想不出來在另一個世界有誰會對你這麼說。」有那麼一下子，我擔心可能有某個和我很親近的人過世了，在我不知情的情況下，他想捎個消息給我。但我很快就忙著去做午餐的最後準備工作，把我的擔憂拋諸腦後。

不久之後，我們坐下來用餐時，我的手機響了。我看了看來電名稱，看到是偉恩的私人經理瑪雅．拉伯斯（Maya Labos）。過去三十八年來，她都是偉恩的左右手。由於他的每一個行程，瑪雅都隨侍在側，自從過去幾年我和偉恩共享舞台以來，瑪雅和我也變得再親近不過。

「瑪雅！有事嗎？」我接起電話，心情愉快地問道。

「是偉恩。」手機裡傳來哽咽的嗓音，我心裡已經猜到了八、九分。「他今天早上在睡夢中去世了。他走了。」

聽到這些話，我的心猛然一沉。我沒辦法相信這是真的。偉恩．戴爾不可能就這麼走了！上星期我才和他一起在澳洲巡迴演講，他精神好得很，就像一直以來一樣。

這時，我想起稍早浮現有人去了另一個世界的直覺。到頭來，我的預感是對的。偉恩知道橘色是我最愛的顏色。他在後台常常取笑我對橘色的偏好（我的皮夾、手機套、皮包都是橘色的），而他自己對橘色的東西也有一份偏愛。他愛用橘子這種水果當道具，上台時總是帶著一顆橘子，用以解釋他的著名論點。偉恩鮮少不帶橘子上台，闡述完他的論點之後，他往往會把橘子丟給觀眾。

事實上，他在臉書的最後一篇貼文，就是一則橘子的啓示：「每當你用力擠一顆橘子，擠出來的總是橘子汁。裡面有什麼，擠出來的就會是什麼。同樣的道理也適用在你身上：每當有人壓榨你、對你施壓，或說了什麼不入耳的酸言酸語，而你表現出憤怒、仇恨、苦澀、緊張、憂鬱或焦慮，那麼，這些就是你內在的東西。如果愛與喜樂才是你想施受的東西，那就從改變內在開始改變你的人生。」

偉恩暗示我的朋友珍妮佛買橘玫瑰，我知道這是他告訴我他很好的方式。我可能也比任何人都清楚，偉恩現在再好不過——笑得開懷，樂得手舞足蹈，沉浸在無條件的愛之中，沒有痛苦，沒有期待，盡情擴展，盡情超越……但我還是很震驚，也很難過。

從邀請我踏上作家及演說家之路以來，偉恩一路上都是我的老師、我的師父、我的頭號支持者。要是沒有他在網路上發現我的文章，並請賀氏書屋找我寫書談我的經歷，我今天不會是一位出書作家，也不會巡迴世界各地，站上講台分享我的見解，更不會看到我的人生被拍成好萊塢電影。

一起參與賀氏書屋的活動時，偉恩和我常常聊到死後的世界，以及我們離開身體之後無限擴展的狀態。現在，想到他正在親身經歷這一切，我不禁露出笑容。

偉恩向來是一位充滿熱忱的老師。教導世人就是他來到這世上的天職。我想就算脫離了有形的軀殼，他也不會就此罷休。說起來，他甚至會更狂熱吧，因為他現在能觸及的人又更多了，而且是全部一口氣涵蓋進去！比起在有形的世界，如今他可能以更了不起的方式在給人教誨，遠遠超乎他希望達成的目標。對成千上萬敬愛他的人來說，他非但沒有離開，反倒還變得隨招隨來。他可能正以各式各樣充滿創意的方式，出現在所有受他感動的人面前。現在的他不再受限於軀殼，這裡、那裡，到處都是偉恩的蹤影。

有一天，我們都會超越這個有形世界，去到死後的無限世界。雖然有許多人都很害怕，不知道等在後頭的是什麼，但越過生死界限其實是容易的部分。我向你保證，揭開死亡的面紗之後，沒有什麼可怕的東西。我們眞正的挑戰在於此時此刻，在這個有形世界活出寬闊、自由、愛與喜樂的一生。

所以，受到自身瀕死經驗的啓發，也受到偉恩的人生與教誨的啓發，我想傳遞給世人的訊息，最主要的就是：把你的人生當成一場創造的活動，就彷彿每一個發現、每一次探索對宇宙的生命織錦而言都很重要——因爲事實的確如此。追隨你的心，盡情揮灑宇宙攤開在你面前的繽紛色彩，將你的人生寫成一部屬於你的傑作。你的創意可能讓自己大吃一驚。就像在聆聽或演奏一首美妙的曲子時，我們的目標不是要來到尾聲，而是要享受悅耳動聽的音色，包括第一個音符和隨之而來的每一個音符。套句偉恩老愛掛在嘴邊的話：「不要到死也沒譜出你的人生樂章！」

所以，不要害怕做得不對或不夠好。這種恐懼完全沒有根據。相信我，人生不在於做對，也不在於想出大大小小各種問題的答案，亦不在於讀對的書、上對的課或跟對老師，更不在於你對身心靈是不是有深刻的體會、是否達到各種層次的自我覺醒、是否成爲群眾的精神導師，甚至不在於你是不是死過一次又重回人世分享經驗！

唯一重要的一件事就是，你允許自己完全做自己。就這麼簡單！只要做自己，只要做眞實的自己，成爲你內心深處的那份愛，盡你所能發光發熱。與此同時，別忘了要玩得開心、享受過程中的樂趣——很多很多的樂趣！

事到如今，偉恩已經完美譜出他的人生樂章，並以嫻熟的技藝觸及無數人的心靈。謝謝你，我的摯友，謝謝你來到我的人生，在我們共度這段旅程之時，與我們分享你的美好、智慧與幽默。也謝謝你的橘玫瑰。

謹此合十致敬。

謝詞

對我來說，這是本書最重要的部分之一。在此，我得以向每一個人表達我的謝意，無論是以各種方式與我並肩同行的人，還是直接或間接促成本書成形的人。

首先要感謝我最好的朋友和精神上的兄弟李奧・克魯茲（Rio Cruz），說什麼都不足以表達我的感激於萬一。你鼓勵我爲自己想傳遞的訊息發聲，對於你的支持，我的感受亦是無以言喻。這些年來，在許多方面，你都是我人生旅途上不可或缺的一部分。當別人挑戰我時，你毫不動搖，堅信我所做的見證，支持我繼續走下去。謝謝你當我的頭號啦啦隊隊長和軍師。有時這世界還沒準備好要聽我的分享，在我設法融入這樣的一個世界時，謝謝你幫助我保持平靜。謝謝你，我的朋友，我深愛你。

給我的密友和知己瑪雅・拉伯斯（Maya Labos）：這一路上謝謝你扮演我的

緩衝墊，也謝謝你充當我的家人。關於公開演講的一切，你是我隨時請教的顧問。在這條演講之路上，謝謝你陪我走過高低起伏。在參與演講活動的過程中，謝謝你當我的夥伴、開心果和全能的旅伴。也謝謝你當我的支柱，給我力量走過我們親愛的朋友偉恩·戴爾離世之痛。

給不同凡響的編輯凱蒂·康茲（Katy Koontz）：你是一道美麗的光，也是很好相處的合作夥伴，謝謝你幫我把這個計畫變得不費吹灰之力。你是我的小天使，我很感激你對我一直以來想說的話有敏銳的理解。

給賀氏書屋的派蒂·吉夫特（Patty Gift）：謝謝你，和你合作眞開心！能得到你對拙作的支持與興趣，我眞的很感動也很榮幸。謝謝你！

給蒂納·卡帕迪亞（Tina Kapadia）和她美好的一家人：你們不但歡迎丹尼和我走進你們家，也歡迎我們走進你們心裡。謝謝你們的慷慨。謝謝你們和我們分享人生故事，並讓我們在異地也覺得賓至如歸。

給我親愛的朋友傑森·嘉納（Jason Garner）和他的嬌妻克莉絲蒂（Christy）：

在丹尼和我跨越兩大洲當空中飛人時，你們讓我們有個家。我不只要謝謝你們的款待，也要謝謝你們那些充滿火花的對話和圍在壁爐前的閒談。我期待聊得更多！

給我不可思議的超級團隊，這支團隊絕對是我的天使，在幕後爲我工作，讓所有環節都得以運轉，不只達到目標，甚且超越目標。首先，謝謝我那兩位了不起的助理蘿茲・布魯克斯（Roz Brooks）和米蘭娜・喬伊・莫里斯（Milena Joy Morris）；也特別感謝瑞塔・帕貝（Rita Pape）、泰德・史莉普金斯基（Ted Slipchinsky）、卡西・布林（Kathi Blinn）、羅瑞托・特瑞斯（Loreto Torres）、湯米・福爾摩斯・蕭特（Tammy Holmes Short）、安潔莉卡・費瑞斯（Angelika Farrell）、珊卓拉・紀（Sandra Gee）、瑞凡德・巴希（Ravinder Basi）、瑞克・布爾（Rick Burr）、理查・馬欽（Richard Machin）和珊蒂・薛佛（Sandy Shriver）。謝謝你們每一個人曾經做過和持續在做的一切，是你們讓這一切運轉下去。

給我親愛的朋友瑞努・馬拉尼（Renu Malani）：謝謝你用你的笑聲和機智，讓我每一趟返鄉都開心得不得了。在我證明「啓蒙」可以透過幽默、樂趣和巧克力達成的路途上，謝謝你當我的夥伴！兄弟，我愛你。

給我美好的家人：哥哥阿努（Anoop）對我的意義不同凡響，非筆墨所能形容；他的家人夢娜（Mona）和尚恩（Shahn）；我親愛的母親始終毫不動搖地給我無條件的愛；我的好公公給我的支持別具意義。最後絕對不能漏掉的是我親愛的丈夫丹尼（Danny），很高興能和你共享這個世界、這個時空、這個存在。人生中有你是我的福氣，此生能夠愛你不渝也是我的福氣。在我所做的每一件事背後，你都是我的動力。有你，我才能御風而行。

若是不對偉恩．戴爾（Wayne Dyer）獻上誠摯的謝意，這個部分就不完整。沒有言語能夠表達我對你的感激，偉恩，謝謝你和我分享你的舞台，帶領我進入公眾的領域。沒有你和冥冥中的緣分就沒有這本書，而我也可能無法從事我目前在做的一切。謝謝你成爲我的燈塔，引領我走上最完美的一條路——甚至在我知道這就是我的天職之前！我知道你在另一個世界聽得到我的聲音，並且持續指引著我。我愛你，我的朋友。

我也要謝謝手裡拿著這本書的每一個人，以及讀過我的第一本書之後寫信過來的人。謝謝你們所有人的支持與來信，也謝謝你們滿溢的愛。沒有你們，就沒有今日我所做的一切。等著瞧！我已經有下一本書即將問世的預感！

國家圖書館出版品預行編目（CIP）資料

死過一次才學會愛自己：清除不愛自己的十個信念，體驗此生即是天堂 / 艾妮塔．穆札尼（Anita Moorjani）著；祁怡瑋譯. -- 二版. -- 臺北市：橡實文化出版：大雁出版基地發行, 2023.10
面； 公分
譯自：What if this is heaven? : how I released my limiting beliefs and really started living
ISBN 978-626-7313-53-4(平裝)

1.CST: 成功法 2.CST: 自我實現 3.CST: 生活指

177.2 112013863

BC1047R

死過一次才學會愛自己：清除不愛自己的十個信念，體驗此生即是天堂

What if This is Heaven?: How I Released My Limiting Beliefs and Really Started Living

作　　者　艾妮塔．穆札尼 (Anita Moorjani)
譯　　者　祁怡瑋
責任編輯　田哲榮
協力編輯　劉芸蓁
封面設計　黃聖文
內頁構成　歐陽碧智
校　　對　蔡昊恩

發 行 人　蘇拾平
總 編 輯　于芝峰
副總編輯　田哲榮
業務發行　王綬晨、邱紹溢
行銷企劃　陳詩婷
出　　版　橡實文化 ACORN Publishing
地址：10544 臺北市松山區復興北路 333 號 11 樓之 4
電話：02-2718-2001　傳真：02-2719-1308
網址：www.acornbooks.com.tw
E-mail 信箱：acorn@andbooks.com.tw
發　　行　大雁出版基地
地址：10544 臺北市松山區復興北路 333 號 11 樓之 4
電話：02-2718-2001　傳真：02-2718-1258
讀者傳真服務：02-2718-1258
讀者服務信箱：andbooks@andbooks.com.tw
劃撥帳號：19983379　戶名：大雁文化事業股份有限公司

印　　刷　中原造像股份有限公司
二版一刷　2023 年 10 月
定　　價　380 元
I S B N　978-626-7313-53-4
（原書名：《死過一次才學會愛自己：原來，此生即是天堂》）